文學叢刊

陳福成著

從魯迅文學醫人魂救國魂說起

——兼論中國新詩的精神重建

文史哲出版社印行

國家圖書館出版品預行編目資料

從魯迅文學醫人魂救國魂說起：兼論中國新詩的精神重建 / 陳福成著 .-- 初版 -- 臺北市：文史哲, 民 103.05
頁； 公分（文學叢刊；321）
ISBN 978-986-314-182-2（平裝）

1.新詩 2.詩評

820.9108 103009504

文學叢刊 321

從魯迅文學醫人魂救國魂說起

── 兼論中國新詩的精神重建

著者：陳福成
出版者：文史哲出版社
http://www.lapen.com.tw
e-mail:lapen@ms74.hinet.net
登記證字號：行政院新聞局版臺業字五三三七號
發行人：彭正雄
發行所：文史哲出版社
印刷者：文史哲出版社
臺北市羅斯福路一段七十二巷四號
郵政劃撥帳號：一六一八〇一七五
電話886-2-23511028・傳真886-2-23965656

定價新臺幣二六〇元

中華民國一〇三年（2014）五月初版

ISBN 978-986-314-182-2 09321

從魯迅說起——寫作動機說明（代自序）

中國歷史發展有句話形容，「天下大勢分久必合，合久必分」，年青時似懂非懂，中年（五十歲時）覺得中外歷史不就如此嗎？仍不知所以然！爲什麼會如此呢？後來我接觸佛法，才終於發現「宇宙間萬事萬物的真相」，不僅真相，根本就是實相。只是一個很簡單的道理，鄉巴佬也知道的，「東西用久了就壞了！」

佛法常說「成住壞空」，不斷的輪迴，每分每秒都在變！變！成、住、壞、空，宇宙間無窮的進行著生滅「無常」的變化。如花草樹木、人類眾生，從生壯老病死，又從頭開始……東西用久了會壞，壞了有新的！

國家、政黨、朝代、團體、人……打下江山開始，充滿理想主義色彩，經勵圖治，日久生厭，厭生懶，接著百病找上身，貪污腐化、革命造反、死亡（換人當家或朝代結束）。

故，中國歷史發展有一種「文化現象」，當天下可爲太平盛世時，儒家興盛並受用尊重；當天下不可爲動亂黑暗時，老莊興盛，文學領域最鮮明，都跑到「老莊花園」去賞花飲酒了！而法家及其他各家除少數朝代，大多只是配套措施。

又是故，我國在滿清中葉後衰弱一百多年，成爲次殖民地，民國後又亂了幾十年，兩岸分裂已半個多世紀，如今看來，也好像是歷史發展的常態。若眼光放寬到全球，時間拉長到東西方人類歷史三千多年來，我國秦漢唐宋、西方古羅馬到荷蘭、西班牙，到英美，則大國興衰，都逃不出「東西用久了會壞」的道理，逃不過成住壞空的生滅輪迴。

但無論如何！中國人的時代又來了，中國將崛起成爲廿一世紀的全球強國，分裂半個世紀的兩岸也遲早到重歸統一。在這個關鍵時刻，我身爲一個當代詩人、作家、文學研究者，我從古今所有詩人、作家中逐一找尋，希望找到可以文學詩歌「醫人魂、救國魂、喚醒中華民族英魂」的典範人物。我請出魯迅、屈原、杜甫、李白、陶淵明、李後主，及代表現代詩人作家的平民詩人王學忠，相信這七人有充份的代表性。這七人當中唯一未經歷史檢驗的是王學忠，未來數十年乃至百年以上，中國文學史如何評價王學忠，吾人不得而知。我只好從現代諸多對王學忠詩作評論各家中，整理出四十四家，希望經由我大費週章的工夫，得到較接近的「最大公約數」，取得較普遍性的看法，而不是我一人之言！

第八章原在三年前大陸西南大學新詩研討會發表，後收錄在我《洄游的鮭魚》一書，因內容爲前六章之延續，思想上是一貫的，故再收於本書，以求完整性。本書前七章約寫於二〇一一到一四年春。（台北公館蟾蜍山萬盛草堂主人　陳福成　誌於二〇一四年三月）

從魯迅文學醫人魂救國魂說起

——兼論中國新詩的精神重建

目次

第一章　從魯迅以文學醫人魂救國魂說起

——今天中國還須要文學來救嗎？

思想啓蒙家、文學家魯迅，早年在倭國（日本）留學時，專習醫科，立志救人是他的基本信念。有一回他在課堂上看到一幕小電影（最早教學用），主題場景情境，是倭人老師用來宣揚國勢的倭俄戰爭，整個戰爭經過在我國東北土地上進行，倭人軍隊殺戮被沙俄軍隊拉去當軍伕的中國人。（同樣，倭國也強拉中國百姓去做苦役，若被沙俄軍捉去也慘了！）倭軍把捉來的中國人，一律全部當眾斬首示眾。

被當眾斬首的是中國人，四週圍一大群看客也是中國人，可是卻一個個都麻木地等待、看著、看著、看著、沒有表情、麻木了，看著自己同胞被倭人斬首，人頭落地，看著兩隻巨獸（倭、俄）在自己家門口吃自己人，也都沒有反應，沒有表情，只是看著，反正不是吃到自己，不是自己人頭落地，看客會不會思考到自己何時也會人頭落地？也沒有反應、不知道，看著……

魯迅看到這一幕，他痛苦極了，他心裡也立即明白為什麼？他立刻放棄醫學，改宗文學，醫人之前他要先醫魂，尤其用文學喚醒中國民族魂，才能救中國。

在那個時代有許多先知先覺者投入救國行列，每個人途徑不同，如孫中山、蔣中正等的三民主義救中國，陳獨秀、毛澤東等的共產主義救中國，魯迅則以文學救國。

縱觀魯迅一生最重要的評價，他以文學為散播動力，像十五世紀西方的文藝復興、啟蒙運動，他在喚醒中國民族的靈魂，並結合批判傳統思想、制度的腐敗，中國才有「人」的發現。他的《狂人日記》、《阿Q正傳》、《燈下漫筆》，像一座座火山爆發了，在許多國人心中爆開了。我可以這麼說，一個民族的知識份子階層，有相當一部份是被魯迅震醒、驚醒的，這是魯迅對我中華民族永不磨滅的偉大貢獻。

一九三六年十月，魯迅走了，在上海安葬魯迅的典禮中，沈鈞儒寫下「民族魂」三個字在錦緞上，用以覆蓋魯迅的遺體。一九三七年十月，陝北公學紀念魯迅逝世一週年，毛澤東在會上演說，稱魯迅為「現代中國的孔夫子」。（註一）

前面提到三民主義和共產主義兩大勢力也在救國，從這兩大勢力集團對峙開始，也含魯迅，到現在大約一百年左右，到底誰在救中國？中國得救了嗎？廿一世紀的現在吾國已然崛起，還須文學來救嗎？我請教現在兩岸搞文學的作家、詩人等藝文創作者？

壹、共產主義思想下的文化特質和文藝活動

共產主義自馬恩、史列、毛澤東思想，都有不同內涵，均非本論文所要細說，僅針文學領域最有直接關係的，談共產主義思想下的文化特質和文藝活動。「共產主義」在本文只是概括性名詞，有人以為共產主義如今只是一個憲法上死的名詞，其實不然，很多人只看到中國大地上的「資本主義現象」。但若打開每一本大陸出版的文學雜誌（各種文體），幾乎每一本都有不少作家、詩人，在頌揚共產思想、階級鬥爭，禮贊毛澤東思想，歌頌共產黨抗日打敗倭國，抗日是共產黨打的嗎？……凡此，都不是秘密了，大家可以自行去看。

文化內涵概括物質和精神文明。物質文明概指各種物質和生產技術；精神文明包括道德、法律、宗教、風俗習慣、藝文、史政和社會制度、生活方式等。寬廣的文學意涵甚至可以統懾以上物質和精神，這就是我們稱文學可以醫治人的靈魂，可以喚醒民族魂、國魂的道理。

共產思想標榜唯物史觀，並認唯物史觀是「經濟決定論」，經濟才是社會的「下層建築」，而政治、法律、道德、文學、科學、哲學等思想文化是社會的「上層建築」。共產主義者宣稱，依照這樣的思維邏輯，共產主義是「科學的社會主義」，「人類的歷史必然走向共產主義的路」，共產社會是人類最後最好的歸宿。

人類文化的精神面，需要極大的自由空間（思想、言論、創作、發表、討論、交流、批判、反對等自由），使不同才智、興趣的人可以揮灑，使社會進步，使生活豐富化；從物質面看，要利用厚生，發展經濟，開發資源，使人有財力可以過更好的生活，提高國民生活品質。但共產主義不做如此設想，大約就依唯物史觀和階級鬥爭論，用「剩餘價值論」和「勞動價值論」，決定了人的一生。

「科學的社會主義」是馬克斯、恩格斯自封的，他們充其量是哲學家或社會思想家。共產主義流傳到中國大地，無數人信爲真理，用唯物史觀曲解五千年文明，稱是一部「階級鬥爭史」，說社會基礎有階級性，文化也就有階級性，必須破除中華民族傳統文化，去建立無產階級文化。

一九四九年共產主義者得到政權，有權有能開始建立無產階級文化，把中國傳統文化全丟到「矛坑」裡，把「孔家店」打倒，一波波運動，一波波「整風」，要消滅所有階級敵人，此刻，所有作家、詩人都要「站對邊」，否則死無葬身之地，倫理道德、善良人性，全沒有了，請問作家、詩人、藝術家們，你還能寫什麼？你還能創作什麼屬於自己「真性情」的作品？

在共產主義意識下的文學理論、文藝教條，表現的是黨性、階級性而不是人性，所謂「政治第一、藝術第二」的框架標準。凡作家、文藝工作者等，都要投身階級鬪爭、生產鬪爭、站在工農兵立場，建立無產階級觀，用「暴露文學」描寫階級敵人，用「歌頌文學」描寫黨和社會主義，毛澤東在〈延安文藝座談會上的講話〉，即稱「革命的現實主義結合革命的浪漫主義的創作方法」等。當這些文藝教條又成戒律，作家詩人們只有死路一條。

中共爲使作家「乾乾淨淨」，徹底成爲「無產階級戰士」，「文革」前十七年中就展開五次「整風運動」。到了十年文革，更是不分黨內外、不分新舊派、不分親情倫理、不分師生友人，進行滅絕人性的整肅鬪爭，鬪死、鬪病、鬪瘋、鬪到自殺、鬥殘鬪廢者，不計其數。

「四人幫」事件後，新掌權者把以往摧殘文人作家的罪責，全部推諉給「四人幫」，作家們都得到翻案平反，吶喊「文藝大解放」，強調「百花齊放、百家爭鳴」。但對毛澤東的文藝教條，也仍照唱不誤。

如今老毛已走了半個世紀，小平同志改革開放至今幾十年，吾國已然崛起，我們中國人的時代似乎就在「不遠的天邊」，那美麗的霞彩正如「中國夢」。中國人從滿清衰敗了兩百年，當了太久的「奴才」，現在還不太習慣當「主人」，甚至覺得自己還是奴才的也多的是！

崛起的中國，改革開放的中國，繁榮的當代中國，詩人作家總數，早已超越人民解放軍總兵力，而成一支「文學大軍」。但有多少作家能去除框在思想意識中，那個共產思想階級性的「緊箍扣」？這只要任意找幾本現在大陸出版的文學雜誌，或任何詩文集，用心閱讀就大概有了答案。到底是作家救中國？還是中國在救作家？

我第一個要質疑、思考的問題，是自從魯迅開始喚醒中華民族魂（其他人也在用不同方式喚醒），至今（廿一世紀初），我中華民族魂、中國魂，多少回來了？多少醒了？

另一個要質疑、思考的，廿一世紀兩岸中國的作家們，怎樣的文學創作（作品、理論）能救中國？能喚醒國魂？能醫治這一代中國人的魂？要醫人魂之前先要正自己魂！至少自己的魂要「正常」。

貳、當代中國文學作家拿什麼救國魂？

「當代中國詩人、文學作家拿什麼救國魂？」這個題目進一步思索，會問「今天的中國沒有國魂嗎？」或「今天的中國還失魂落魄嗎？」乃至「中國崛起，還要救嗎？」用文學語言問是「中國文學前途何在？」「中國文學發展的主流方向是什麼？」

崛起的中國有沒有魂？要不要救？有人看到白花花的銀子，但先知先覺的作家看到「確確實實的亡國之根」。大陸作家曾彥修觀察大陸現在社會，認爲現在社會風氣是充滿了唯官、唯金、唯名的三唯主義，越來越猛，大有氣吞山河之概，甚至可以說是已經深入到普通人群的骨髓中去了。這對改善一個民族的質量來說，是一個嚴重的大逆流、可怕的很。其中尤其是「唯官主義」，它的害民程度，是遠比「非典」要可怕得多，它是確確實實的亡國之根。唯官主義是利之所在，全民追求的，能怪愚氓嗎？要改變唯官主義的趨勢，關健不在唯官主義的信奉者，而在唯官主義的制造者——有了官、就有權，有了權就有一切。

作家曾彥修看到國民生產總值上去了，國民素質呢？前途是什麼？敢想像嗎？他也發現有一位研究國際關係的女學者叫資中筠女士，「改行」在倡導「民族素質」（魯迅文中的國民性），認爲她已是魯迅思想的繼承者。但是她現在仍是孤軍奮戰，國家的真正危險在這裡。（註三）

如曾彥修之論，到底是否是「普遍性的存在」？也很難認定，據我從各方得到的經驗，我相信作家說法是有道理、有依據的，深值所有作家思考文學救國救民族之有效途徑，身爲當代文學作家的你，拿什麼救國魂？就像魯迅用他感動人心的文章，喚醒國魂，轉變國民性。

每位作家面對這樣質問時，首先想到自己的文學作品是否富有中國的民族性，至少讓人一看知道你寫得出「中國文學」，而不是「東洋文學」或「西洋文學」。素有「民族文學的良心」之稱的作家、詩人高準先生，當他談到中國詩歌創作的前途，他對兩岸各有期許。（註四）

對大陸詩歌創作的展望：

第一、要堅決破除教條主義，解放思想。

第二、要從形像思維出發，確認形象思維的實踐與否，是檢驗詩之藝術性的主要標準。

第三、要發揚不滿精神，促進民主，反映人民真正的心聲。

對台灣詩歌前途的展望：

第一、要發揚民族精神，創造民族風格，不能再走全盤西化的死路。

第二、要掌握抒情的本質，要追求崇高的境界，不能為「主智」為理由而排斥抒情，使詩成為空洞的文字遊戲，以致於「無感不覺」，根本不成其為詩。

第三、要建立民主心態，關心社會民生，及從生活出發，不能自命孤高，自絕於廣大的人民，否則，廣大的讀者就必然也要拋棄你的作品。

身爲一個作家要端出怎樣的文學作品？相信有使命感，有思想而心懷國家民族者，不會忘記他所身處的時代背景，以及所屬的歷史文化。曾任台灣大學校長也是現代中國早期思想啓蒙者傅斯年先生，在《新潮》發表甚多文學作品，如「王國維的宋元曲史」、「怎樣做白話文」、「中國文學史分期的研究」、「白話文與心理的改革」，都是對新文化有推波助瀾的文學作品。在「怎樣做白話文」一文中，他強烈批判「不合人性、不近人情」，缺乏「人化」的文學，他期待作家要創作「人的文學」。

這種鼓吹「人的文學」的文學創作觀，雖較周作人「人的文學」發表時間，要晚了兩個月（周文發表在民國七年十二月，傅文發表於民國八年十二月）。但傅斯年的主張堅持到死，周作人不久猶疑反悔，日後鑽到草木魚蟲的世界裡。顯然，傅斯年高明且影響久遠，到今天對那些依然在做「非人」文學的下男、下女作家而言，何啻是當頭一棒。（註五）今天傅斯年在台大校史有崇高的地位，學生仍然視他爲傳統的精神象徵，都是因他的「仰無愧於天、俯無愧於地」的召感。

民國三十六年之際，傅斯年美國養病，幾間名大學爭著給他聘書，他卻全部辭謝，病未癒匆匆回國。若換成現代任何學人，想到國內將山河變色，社會動盪不安，還不是趕緊叩頭向洋人謝恩接下聘書，再搞一張「綠卡」，此後以在海外宣揚中華文化之名，圖保身而苟活於世，那管國家民族興衰、人民之苦難？

歷史上的作家、文學家之所以偉大，能超越時空，甚至穿梭進出時空，住在這個民族代代子民的心中，成爲一尊「永恆的神祇」，必因其人品詩品與國家民族、人民群眾緊緊「掛在一起」。歷史上未聞有詩人、作家光顧一己之樂，不顧天下蒼生死活，不管國家民族興衰而稱偉大者，未之有也！

畢竟，廣大的人民群眾須要文人、作家的發聲，人民的聲音有文人的潤飾才會精美；

作家、文人的靈魂，沒有人民的滋補不會康強，二者相依爲命；也只有相依相遇的時候才會爆出火花，這樣的作品才會成爲全民族共同的夢。就像詩經、楚辭、唐詩宋詩……屈原、李杜、三蘇……這些文學經典、情境、人物，都是中華民族代代子民共同的夢境，大家都有這個共同的夢，還會亡國嗎？歷代凡有亡族亡家亡朝亡黨者，必因他們的夢先亡、先破滅了，不是嗎？

當台灣這批炎黃不肖子孫台獨份子，如李登輝、陳水扁、游錫堃、陳菊……喊著孔子、孟子、李白、杜甫……孫中山都是「老外」——外國人時，即註定他們走上了死路，爲何？

這道理很簡單，文學即是全民族共同的夢想，列祖列宗那容得下極少極少的不孝子孫破壞了美夢。今天搞台獨的不過是幾個敗家子，相較於全體中國人，加上列祖列宗的英靈，只不過幾顆「老鼠屎」，怎能容這幾顆老鼠屎壞了一鍋美味料理。

另一個也是簡單的道理，中國民間信仰眾神，如三官大帝（堯、舜、禹）、關聖帝君（關公）、媽祖、臨水夫人、土地公、保儀尊王……那一個不是生爲中國人，死爲中國神，就是包括那些台獨份子的列祖列宗，那一個不是血液中流著炎黃血脈，那一個在世不是活生生的中國人。是故，神靈也罷！祖靈也罷！都由不得少數敗家子破壞整個中華民族共同的夢境。

期許兩岸中國詩人、作家、藝術家、文藝創作者，盡你的天職、揮灑你的文學藝術生命，端出你的經典，以詩歌文學藝術醫人靈魂，進而喚醒中國魂，鞏固整個中華民族的美夢情境，實現「中國夢」。這才是你人生最高的自我實現之完成，你和你的作品都能代代傳世，成爲後世炎黃子民的美夢，你則是永恆的神祇。

參、魯迅文學救國魂救民族魂的重新詮釋（註六）

魯迅（一八八一—一九三六），浙江紹興人。魯迅一生像發揮「阿甘精神」那樣，拼其全力以文學醫治中國人的靈魂，喚醒中華民族靈魂，對中國、中華民族可謂產生可穿越歷史時空的啓蒙動力。但，爲何現在要重新詮釋呢？長話短說，魯迅在台灣被定位成「左翼作家」，在大陸則其後期被當成「無產階級和黨」的代言人。凡此，都降低了魯迅的思想層次和文學格調，更不是真實的魯迅，此處按曾彥修的獻詞略做簡介。

一、魯迅是全中華民族的魯迅：

身爲一個有強烈使命感的思想啓蒙家，他的思想像「驚蟄」的春雷，他是第一個在黑夜沉沉的舊中國，震動了一些神經敏感的知識分子的靈魂，然後又經過這些知識分子，更廣面喚醒全民要從專制、愚昧、殘暴、封閉、落後、保守，特別是「痲木」等傳統包圍中的靈魂覺醒過來。正是有魯迅的第一聲吶喊，中國才出現了一個「人」字——更出現了女人也是「人」的觀念。

一九四九年後，大陸把魯迅宣傳成「階級鬥爭」革命者，而略去他前期的思想啓蒙家的魯迅，等於降低了魯迅的歷史作用。從魯迅的人生「實相」看，魯迅是與廣大人民血肉不可分離的思想啓蒙家；中共從無產階級定位他，魯迅不僅被孤立且成爲整人的政治工具。

從本質上看，魯迅不屬一黨一派，而屬於整個中華民族。中國正在崛起，面對的問題增多，全民族須要共同的旗幟、共同的夢，魯迅恰恰可以成爲全民族的魯迅；反之，一個民族只有在文化上緊緊團結，有共同夢境，這個民族才能歷久不衰。所以，吾人氣壯大呼：魯迅是屬於全中華民族的魯迅，兩岸詩作家都要向他學習文學救國的精神。

二、偉大的思想啓蒙家，歷史功勛是在中國發現了一個「人」字

魯迅開啓的啓蒙有如十五世紀歐洲啓蒙運動一般，在中國透過他的文章宣揚自由、平等、人權等思想，並進而批判傳統的腐敗思想、制度，中國才有「人」的發現，而不

是「階級鬥爭」，這是重要的歷史真相。

魯迅思想約分前後兩期，前期（一九二七年以前），是勇猛的思想啓蒙家，後期是左翼文學家精神領袖。魯迅對自己唐吉訶德般的日夜戰鬥深感孤立，因眾生（國人）不醒，他對當時的社會環境說出這樣的話：「沉默啊，沉默，不在沉默中爆發，就在沉默中滅亡。」

一九四九年後，中共把魯迅一生的歷史價值，完全簡化成晚年的反國民黨，並把他拉來和馬克斯主義者站在同一邊。真相是魯迅自己說過的，爲了同創造社進行理論鬥爭，才不得不去學一些馬克斯主義。他說，他看出對方講的馬克斯主義不是真的，他要自己弄清真的馬克斯主義究竟是什麼？

須知，魯迅堅持「理性」，而不是「信仰」。要服從理性就必須有批判精神，而信仰是絕對的，不能懷疑。魯迅的偉大在不做任何人、任何理論的「信仰者」。因爲一涉「信仰」，表示你必須放棄思想自由，這在魯迅一生都不可能的。

三、**魯迅一生救人魂救民族魂，目的在改造中國「國民性」**

中國的國民性到底須不須要改造？這是很複雜、廣又深的問題，已有一些相關研究著作，本文不論。

從魯迅年青時到倭國習醫，看到倭人放映影片，在中國大地公然把一批中國人拉來當眾斬首，四週看客的也全是中國人。眾皆一臉痲木相，竟無反應看著同胞被斬首。這一幕給魯迅震驚太大了，不能形容，他立即棄醫而改宗文學，從此魯迅一生未改變初衷，用文學作品醫人靈魂，喚醒民族魂，直到生命最後一刻，遺體上蓋著「民族魂」三個字。

魯迅認爲，他若習醫，回國不過多救幾個像那樣「痲木」的中國人，對民族對社會何益？對整體中國人民何益？魯迅給我一個看法，痲木不仁（失人本性，不知道自己是人）是不必救的。準此，像台灣李登輝、陳水扁等這些人，痲木不仁，何必浪費大把台灣人的鈔票去治他！

從中國近代歷史全局來說，魯迅的積極宣揚追求的，是有民族精神的國民性，即現在說的「民族素質」，這才是魯迅思想之核心所在。改變了這些，而說他是無產階級、馬克斯主義者，都已不是魯迅的真面目，更降低了他的歷史地位和價值。

四、上海文化界推崇魯迅是中國的「民族魂」的永恆性

一九三六年十月，文化界在上海舉辦的告別紀念大會，由沈鈞儒老人書寫的「民族魂」三字，覆蓋在魯迅的遺體上。此事在中國漫長歷史是俱有永恆性的，永遠有效且永遠有「典範與學習」的啓示功能。

放眼兩岸中國百餘年了，英雄豪傑、革命志士、文學大家、文化啓蒙等賢能之士如過江之鯽（包含各陣營）。但看出能一生堅持要醫國人魂、救國魂、喚醒中華民族魂，至死一刻仍不休，這樣的文學大家、思想家，至今還只有魯迅一人。二〇一三年三月十二日，曾彥修讀到上海《賀黎烈文全集》，作者是陳子善，文末有以下幾句話：「今天的青年不讀點魯迅，對魯迅敬而遠之，不是魯迅的損失，而是他們自己的損失。」真是一字千金。

再者，魯迅有些論點是泛指全民的，他不會說漂亮的話應付人。例如，他說「暴君的臣民往往比暴君更暴」。只有魯迅才敢這樣坦然的說，說這樣的真話，他不會說「勞動人民不在此限」。魯迅爲了改造全民族的國民性，喚醒整個中華民族的靈魂，不得不如此痛下針砭。一個「文革」，難到不是把魯迅的話加倍地證明了嗎？

魯迅一生夢寐以求的，是中國的富強、現代化和民主化，相信這和近百年中國各黨派的奮鬥目標，及所有中國人的期待，是完全一致的。當中國正在崛起將要成爲廿一世紀國際上可敬的強國，當兩岸和平統一已經看似在不遠的未來，此時對這位一生獻身喚醒國魂的魯迅毫無所知，那是很遺憾的事，比英國人不知莎士比亞更不如。

註　釋：

註一：曾彥修，〈關於對魯迅的閱讀與研究的一點建議〉，《炎黃春秋》，二〇一三年第八期（二〇一三年八月，總第二五七期，北京：中華炎黃文化研究會），頁七〇—七一。

註二：五次整風：（一）批判電影「武訓傳」，（二）批判俞平伯教授的《紅樓夢研究》，（三）整肅著名馬列主義文藝理論家胡風及其集團，（四）整肅作家丁玲及其集團，（五）「文革」前夕由江青領導的批判文藝「毒草」運動。

註三：曾彥修，《魯迅嘉言錄》獻詞，《炎黃春秋》，二〇一三年第四期（總第二五三期，北京：中華炎黃文化研究會），頁八七—九〇。

註四：詩潮社，《民族文學的良心》，台北，文史哲出版社，民國八十一年八月。頁三七九—三八〇。

註五：《仙人掌》雜誌，第一卷第一號，台北，仙人掌雜誌社，民國六十六年三月。〈中國的蟋蟀傳斯年〉，封面人物介紹。

註六：同註三，要點略記。

第二章 屈原，你是中華民族第一個偉大的詩人

——炎黃子民生生世世的靈魂救星

屈原是中國歷史上第一個最偉大的詩人、作家，是中華民族永恆的詩魂，炎黃子民生生世世的靈魂救星。當我在找尋可以用於廿一世紀中國社會，用於醫人魂、救國魂，首先我就回到三千年時空，到秭歸去當面向他請益，這麼重要的事，一定得找到他。

秭歸，是巫峽鄰近居山傍水的小縣城，王昭君也住在這裡。「其間首尾一百六十里，謂之巫峽，蓋因山爲名也。自三峽七百里中，兩岸連山，略無闕處。重巖疊障，隱天蔽日……有時朝發白帝，暮到江陵……」在這絕美靈秀環境中成長，對屈原作品當然是有影響的。

壹、屈原的生平與時代環境

屈原的生卒年代各家考證有些不確定，他大約生於周顯王二十九年（前三四〇）年，這年秦衛鞅伐魏，誘執其將公子卬敗之，魏獻河西地於秦；卒於周赧王三十七年（前二七八），這年秦白起伐楚拔郢城，秦置南郡。可見屈原所處的年代，秦已是各國最大的安全威脅，「統獨」問題已快到最後抵定的時候，各國逐一被秦吞滅。屈原所領導的「獨派」（確保各國獨立，不被強秦吞滅），注定要慘敗，這是當時國際環境使然。

屈原的時代也是我國學術思想最蓬勃的戰國春秋，約與他同時或稍前後的各家學者，如商（衛）鞅、申不害、宋鈃、孟子、惠施、莊周、陳良、許行、鄒衍、公孫龍、荀子、韓非、蘇秦、張儀、鬼谷子、孫臏、龐涓等，都算與屈原同時代的大人物，乃至和屈原命運有直接關係（如蘇秦、張儀）。

屈原家世在歷史上記載不多，他自己說父親叫伯傭。可確定的是他出身貴族，有深厚的文化素養，年青時代就受到楚懷王信任和重用，任左徒之職。《史記。屈原賈生列傳第二十四》說：「屈原者名平，楚之同姓也。爲楚懷王左徒，博聞彊志，明於治亂，嫺於辭令。入則與王圖議國事，以出號令；出則接遇賓客，應對諸侯。王甚任之。」。可見得他年輕時就「位高權重」，而不知外環境的虎狼正準備吃了他，這篇列傳已都略述這些政治惡鬥經過，當時的「統獨」惡鬥之激烈比今日台灣統獨鬥精彩。

那時所謂「戰國七雄」，實際上只有「三強」（秦、楚、齊），三強之中以秦最強大。當時秦以外的各國外交政策實際上只有兩條路，一者親秦，再者團結抗秦，楚國也是。屈原領導的是聯齊抗秦陣營，主要成員還有陳軫、昭睢；親秦陣營由上官大夫靳尚領導，主要支持者尚有子蘭和懷王寵姬鄭袖，懷王自己是歷史上有名毫無主見的昏君。

按《史記》記載，親秦派都是被秦重金收買的腐敗份子，很快打敗屈原陣營並放逐屈原。秦準備先攻打齊國，但齊楚關係很好，秦派張儀遊說楚親秦派，謂楚和齊斷交，秦願獻商、於之地六百里給楚，懷王竟信之，與齊斷交，即派使者去要領地。張儀詐說：「儀與王約六里，不聞六百里。」懷王大怒（真是笨死了！）。

懷王怒，興兵伐秦大敗，齊亦不救楚。隔年，秦又說要割漢中之地給楚（秦又不懷好意），懷王學乖了，說不要地，只要張儀來，要千刀殺他才出氣。張儀自信懷王玩不過他，楚國上下都被張儀重金收買了，果然張儀又到楚且平安離開了。

秦王進一步把懷王騙到秦國，關了三年且死於秦。楚頃襄王繼位，親秦派依然握大權，腐敗政客拿著秦國送來大把銀子，而楚正一步步邁向亡國。

屈平曰：「秦虎狼之國，不可信……懷王以不知忠臣之分，故內惑於鄭袖，外欺於張儀，疏屈平而信上官大夫、令尹子蘭。兵挫地削，亡其六郡，身客死於秦，為天下笑。此不知人之禍也。」

屈原不願看到楚國滅亡，乃先懷石自沈汨羅以死，這天是五月五日，這是我國詩人節的由來。他的歷史是楚國君臣百姓的悲劇，也是那個大時代的悲歌，但屈原的故事、作品和氣節，鼓舞了歷代子民的熱情，大家用各種方式來紀念他。尤以他的作品，開啓詩經以來的新內容和風格，成爲中國歷史上的第一個偉大詩人。

貳、屈原的作品和思想

屈原的作品在當代各文本收錄稍有不同，本文按劉大杰著《中國文學發展史》略述之。放逐前的作品有〈橘頌〉和〈九歌〉，流放後有〈抽思〉、〈招魂〉、〈離騷〉、

〈天問〉、〈哀郢〉、〈涉江〉和〈懷沙〉。屈原的流放可能有兩次，懷王末年流放漢北，頃襄王時流放江南，詳細時地及寫作年代都不確定。

〈橘頌〉比擬自己獨立不遷的性格

戰國時期國家觀念尚未形成，楚材晉用或朝秦暮楚都是常態，甚至引以爲榮，各類人才游走各國，謀取功名富貴才見有爲。屈原對這種風氣不滿，以橘樹的獨立不遷比擬自己，企圖改變流行。

> 后皇嘉樹，橘徠服兮。受命不遷，生南國兮。
> 深固難徙，更壹志兮。綠葉素榮，紛其可喜兮。
> ……
> 蘇世獨立，橫而不流兮。閉心自慎，終不失過兮。

用「深固難徙」說明自己愛國家愛鄉土，如橘樹之品格性情不可變，這是他一生堅定的信念。這對近百年很多中國人搶著當美國人，應有啓示作用。

〈九歌〉是一套祭祀神鬼的大型舞曲

由音樂、歌辭、舞蹈混合而成的九歌，約是中國古代歌劇之雛形。九歌可看成九幕（場）：東皇太一（天神）、雲中君（雲神）、湘君和湘夫人（愛神）、大小司命（命神）、東君（日神）、河伯（河神）、山鬼（山妖）、國殤、禮魂。共有十一篇，與九數未合，歷來有所爭議，但重點在這些作品的藝術價值，或柔情或離別，或戰事敘悲壯，均千古不衰的感動人心，這就是一種普遍性價值，可以穿透時空進入廿一世紀中華子民的心中，九歌辭較長不引述。

〈抽思〉和〈思美人〉是流放後的鄉愁

有鳥自南兮，來集漢北。好姱佳麗兮，牉獨處此異域。既惸獨而不群兮，又無良媒在其側。道卓遠而日忘兮，顧自申而不得。望北山而流涕兮，臨流水而太息。

這是〈抽思〉的一節，寫他放逐後孤苦零仃的心境，懷念北上的懷王，又懷念南方的故鄉。**「惟郢路之遼遠兮，魂一夕而九逝。曾不知路之曲直兮，南指月與列星。」**即沈痛又極富抒情和意境，因爲他心中充溢著國恨鄉愁。〈思美人〉可能作於懷王死後，判斷這兩個作品都在第一次流放所作。

〈離騷〉長詩是代表作品

〈離騷〉是屈原一生最卓越的代表作品，全詩三七三行，二四九〇字，也是中國古代最雄偉的長詩，至今仍甚普遍，故不引，只略說內涵。詩中屈原將他的思想、情感、想像、人格融合爲一，通過藝術化語言，表達自己對腐敗政治的憤怒，流露愛國愛民的深厚情感。

離騷除有豐富的愛國情懷，詩語言的運用顯示他有極不凡的文學才華，文采之美，想像的翅膀，象徵之美麗，愛國愛鄉之深，融入神話傳說後，在他真實的生活經驗基礎上，發揮了積極的浪漫主義精神。故能在中國詩歌史上，放射永垂不朽的光輝。

〈天問〉苦極呼天天不應

天問全詩三百多句，一千多字，爲屈原第二首長詩。他放逐後，憂鬱彷徨，精神上起了激烈的動搖。對舊信仰完全崩潰，對古代天文、地理、宗教、傳統，都產生了懷疑，而發出種種問題，只好問天。

天問內涵也給我們一個啓示，作者富於懷疑精神而心靈有無限痛苦，他也有豐富的自然知識，深厚的古代史地文化素養，在我國古史和神話學研究上，極有開發的價值。神話和文學都是民族的共同夢境，代代子民的心靈食糧，有了這些，國民才會有「根」。

〈招魂〉招楚懷王之魂回國

招魂的考證頗多，司馬遷說屈原之作，王逸說宋玉所作，最後以司馬遷說爲定論。懷王不聽屈原之言，被秦王騙到秦國，客死異域，後雖歸葬楚國，但恐魂流落國外，故屈原有招魂之作。

招魂本是楚國民間風俗，屈原運用民間風俗和民間藝術色彩鋪排。在上半篇，通過巫陽的口氣，對人間災禍、地獄形象，有類似但丁《神曲》的描寫，他叫魂不要去天堂和地獄，最好回到自己家鄉

下篇生動描述楚國宮廷生活，叫懷王靈魂快回家。**「目極千里兮傷春心，魂兮歸來哀江南」**，最後兩句愛國情懷做全篇結尾。這篇作品在形式和鋪寫方法，給漢代辭賦也有重大影響。

〈哀郢〉放逐流浪的路線、時令、經過

哀郢和離騷是屈原兩大代表作品，哀郢敘述他春天離開郢城，在江夏、洞庭一帶流浪，地點路程都和實況符合，哀郢也有很高的思想性和藝術價值。

> 皇天之不純命兮，何百姓之震愆。民離散而相失兮，方仲春而東遷。去故鄉而就遠兮，遵江夏以流亡……鳥飛反故鄉兮，狐死必首丘。信非吾罪而棄逐兮，何日夜而亡之！

他在文中體現對國土的熱愛和人民的關懷，字行間充溢深厚情感，構成完美的藝術風格。對國破家亡的傷痛，以在哀郢表現最沈痛、最苦悶，真情的散發都穿透時空，廿一世紀的我們讀起來，仍引無限共鳴。

〈涉江〉和〈懷沙〉是最後的流浪

涉江是寫他從湖北入湖南的經過。先由鄂渚起程，來到洞庭，再經枉陼、辰陽到溆

浦。這流浪的路程很遠，精神心靈肉體都飽受折磨。

> 哀南夷之莫吾知兮，旦余將濟乎江湘。乘鄂渚而反顧兮，欸秋冬之緒風。步余馬兮山皋，邸余車兮方林。乘舲船余上沅兮，齊吳榜以擊汰。船容與而不進兮，淹回水而凝滯。朝發枉陼兮，夕宿辰陽。苟余心其端直兮，雖僻遠之何傷。入漵浦余儃兮，迷不知吾所如。（涉江）

這行程描寫很真實，情景歷歷如在目前，相隔幾千年，我們仍能看到一位苦難的詩人，在流浪的歲月中仍對故國山河以真情擁抱。另〈懷沙〉是最後屈原從漵浦去汨羅江的作品，是最後的絕命詞。最深的悲、最痛的苦、最烈的恨，劃下最後的句點。

> 變白以為黑兮，倒上以為下。鳳凰在笯兮，鷄雉翔舞。……邑犬群吠兮，吠所怪也。誹夋疑傑兮，固庸態也。……日昧昧其將暮；含憂虞哀兮，限之以大故。（懷沙）

他以變白爲黑、上下倒置形容楚國政治之黑暗，他知道被召回故鄉已不可能了，楚國正一天天走向滅亡。「知死不可讓兮，願勿愛兮。明以告君子兮，吾將以爲類兮。」向世人最後告別，他不願看到楚國的滅亡，用死來向楚國人民最後呼喚，喚醒人民的靈魂。

參、屈原文學的永恆價值和人格感召

屈原的作品、人格、作爲，在歷史上曾有爭議，如班固在〈離騷序〉和顏之推的家訓，都持負面評價，認爲他「露才揚己」和「顯暴君惡」。但畢竟偉大的詩人經得起千年歷史一再檢驗，作品更經得起歷代文學評論家從各視角深入剖析。不論微觀、巨觀，都已證明他是中華民族第一位最偉大的詩人、作家，幾千年來炎黃子孫每年在五月五日紀念他。

第一、人格感召喚醒子民靈魂。中國傳統文學理論認爲「文如其人」，作品和人品是合一的，才最俱有驚天地、泣鬼神的感動力。是故，詩人、作家的作品乃其人格的直射，而屈原正是此中代表人物，所謂「用血、用生命完成作品」。這樣的「人品詩品」千年難出一人，乃中華民族代代子孫可以用來醫人魂、治國魂、喚醒民族魂的「靈藥」，爲千秋萬世中華子民所景仰。《史記本傳》說：

> 屈平正道直行，竭忠盡智，以事其君，讒人間之，可謂窮矣。信而見疑，忠而被謗能無怨乎？屈平之作〈離騷〉，蓋自怨生也。〈國風〉好色而不淫，〈小雅〉怨誹而不亂，若〈離騷〉者，可謂兼之矣。
>
> 上稱帝嚳，下道齊恒，中述湯武，以利世事。明道德之廣崇，治亂之條貫，靡不畢見。其文約，其辭微，其志潔，其行慮。其稱文小，而其旨極大，舉類邇而見義遠。其志潔，故其稱物芳；其行廉，故死而不容。自疏濯淖污泥之中，蟬蛻於濁穢，以浮游歷塵埃之外，不獲世之滋垢，皭然泥而不滓者也。推此志也，雖與日月爭光可也。

司馬遷對他可與日月爭輝的評價，可以說是最中肯實際的論述，後世各評家也絕大多同意司馬遷這樣的論定，五月五日才會成爲紀念他的民族詩人節。孟瑤在《中國文學史》質問：「詩人沒有真性情，何得稱之爲詩人？」屈原人格的光芒，正足照耀千秋。這就是爲什麼？到今天我們的詩人節，依然以他爲頂禮膜拜的一尊偶像。

第二、強烈的愛國精神爲萬世表率。在屈原作品中，表現最俱普遍性又強烈的是愛國精神，他通過優美的藝術語言，融合他崇高的人格，對尚未形成國家觀念的戰國時代，樹立一座「愛國碑塔」，成爲後人學習的典範，也爲中國的古典文學建構「開山地位的傳統」。

> 豈余身之憚殃兮，恐皇輿之敗績。忽奔走以先後兮，及前王之踵武。荃不察余之中情兮，反信讒而齌怒。余固知謇謇之為患兮，忍而不能舍也……長太息以掩涕兮，哀民生之多艱……曾歔欷余鬱邑兮，哀朕時之不當。攬茹蕙以掩涕兮，霑余襟之浪浪……陟陞皇之赫戲兮，忽臨睨夫舊鄉。僕夫悲余馬懷兮，蜷局顧而不行。
>
> （離騷）

屈原愛國家愛鄉土的情懷體現在他的每一作品，〈離騷〉的雄奇壯闊和〈哀郢〉的無比痛苦，愛國精神達到最高潮。他的痛恨、他的痛哭，對後世子民產生一種穿透性感染力，讓我們與他同哭。

因爲屈原一顆心完全毫不保留的，牽掛國家興衰和人民安危，所以作品中有濃厚的政治意識。我們可以說，他的政治生命就是他的文學生命，爲國家安危他不顧生命，與那些無恥的小人戰鬥到底，在戰鬥中顯現他完整完美的人格特質。

> 何桀紂之猖披兮，夫唯捷徑以窘步；惟夫黨人之偷樂兮，路幽昧以險隘……眾皆競進以貪婪兮，憑不厭乎求索。羌內恕己以量人兮，各興心而嫉妒……謇吾法夫前脩兮，非時俗之所服。雖不同於今之人兮，願依彭咸之遺則……怨靈脩之浩蕩兮，終不察夫民心。眾女嫉余之蛾眉兮，謠諑謂余以善淫。固時俗之工巧兮，偭規矩而改錯。背繩墨以追曲兮，競周容以為度。（離騷）

我在研究李後主作品時，講到王國維在《人間詞話》說，「後主之詞真所謂以血書者也。」這種用血、用生命創作的作家，在現在尚有一位大陸「平民詩人」王學忠，詳見第七章論說。

而二千多年前兵荒馬亂的戰國時代，第一位中國偉大的詩人屈原正是這種用血、用生命融入他的詩作，才能形成那種聖潔的品質，完成有血有肉有風骨的作品。

第三、藝術價值、特色及對後世影響。這是偉大作品必有的條件，浪漫主義是屈原作品中主要的動力，九歌、離騷、招魂等代表作都體現積極浪漫主義特色。藝術內涵充溢光明的理想、狂熱的情感、豐富想像力、美麗的文采，再加入地方神話故事、宗教色彩等，形成《詩經》以後的新風格。

屈原作品的藝術技巧也是詩經以後的解放和創造，他吸收中國南方民歌的形式的韻律，創作壯闊的長詩，這種新詩體給後代很大的啓蒙意義。而在詩歌語言的運用上，也有高度的獨創性。劉勰在《文心雕龍．辨騷》說：

> 其敘情怨，則鬱伊而易感；述離居，則愴怏而難懷；論山水，則循聲而得貌；言節候，則依文而見時。枚賈追風而入麗，馬揚沿坡而得奇。其衣被詞人，非一代也。故才高者菀其鴻裁，中巧者獵其豔詞，吟諷者銜其山川，童蒙者拾其香草。

這是劉勰論屈原作品的藝術價值，對後代影響作了很高評價。作家都知道一條藝術創作的金律，「想像力是一枝點金棒」，可以點石成金，古今中外一切藝術作品能否成爲永恆？決逃不出這條「金棒」裁斷。在屈原作品中，不論前後期，都能看到詩歌中長了很多翅膀。如在〈離騷〉，你見他的生命在高揚飛躍，如一隻雄健的天鵝，展翅高飛，又如駕龍象鳳凰，上天下地，自由進出「三界二十八重天」。

李白在〈江上吟〉稱，「屈平辭賦懸日月，楚王台榭空山丘。」確實，屈原作品的永恆價值，那裡是楚王政權能比。豫才在《漢文學史綱》，彰顯屈原作品對後世文壇的影響。

> 戰國之世，在韻言則有屈原起於楚。被讒放逐，乃作離騷。逸響偉辭，卓絕一世。較之於詩，則其言甚長，其思甚幻，其言甚麗，其旨甚明。憑心而論，不遵矩度。故後儒之服膺詩教者，或訾而絀之，然其影響於後來之文章，乃甚或在三百篇以上。

我一路研究中國古代數十偉大的作家，不知爲何？都是政治（事業）慘敗，而後產出偉大的文學作品，如李白、杜甫、李後主均如此，本文主角亦是。我只能說，他們偉大的作品都是中華民族永久的珍貴遺產，可以醫代代子民魂、治中國魂，在「容易腐敗的廿一世紀」再喚醒中華民族英魂，建設廿一世紀屬於中國人的時代。

第三章　李白，你因心懷民生振奮民族精神而偉大

——中華民族永恆的心靈美夢

李白（唐大足元年、七〇一年—唐肅宗寶應元年、七六二年），字太白，號青蓮居士。是中國歷史上最偉大的詩人，有「詩仙」之雅名。如果要找一個最能代表中華民族最浪漫的心靈美夢代表，可以成爲代代炎黃子民共同的夢境，又最豐富的精神糧食，李白是不二人選。當台灣獨派說「李白是外國人」時，太白之「仙氣」立即一掌打通千年時空，瞬間集全民族的靈魂，「嚇死」這樣說的人，這是台獨必死的原因。

壹、李白生平

李白籍貫有多種說法，如金陵、山東、隴西、四川、西域諸種不同。原因是他生性

流浪，四海爲家，大家造成許多錯覺；其次是人們往往把祖籍和個人生長地不分，也就眾說分紜。但按最可靠的歷史文獻（新舊唐書、曾鞏等李白詩序、李白墓碑），李白祖籍是隴西成紀（今甘肅天水附近）人。

大約隋末，李白先祖因罪流放西域。到了唐神龍初年（七〇五），他父親逃回四川，這時李白約是五六歲的小朋友。另有一說（孟瑤著《中國文學史》），他是興聖皇帝（西涼武昭王李暠）的九世孫，他的出生地是四川。

二十多歲之前他在四川成長，他的詩文也把四川當故鄉，四川有關歷史文學史話，孔明、司馬相如、揚雄都曾出現在他的作品中。金陵、山東是他中年寄寓的地方，按他自己說，在四川的青少年時代並未深受儒家教育，他習文學、奇書、六甲和百家雜學，但他生性狂放，爲滿足強烈的創作欲望，二十六歲那年他「仗劍去國、辭親遠遊」，如現代的三毛，一人獨自流浪去也。

李白在江南、江北流浪了很久，他到過襄漢、廬山、金陵、揚州、雲夢、安陸、山東、太原、浙江等地。在安陸娶妻並定居十年，後到并州認識郭子儀，再移家到山東兗州。座山東時與另五詩友隱居徂徠山竹溪，酣歌縱酒，時稱「竹溪六逸」（另五人是孔巢父、韓準、裴政、張叔明、陶沔）。後又回到江浙，居會稽一帶，與道友吳筠做了好朋友，這時李白已四十多歲了。

後來吳筠被召入京，他向玄宗推荐李白，因此李白在長安過了三年皇室般的日子，只是他同樣狂放、豪邁。玄宗優厚他，有詔供奉翰林，傳說有「龍巾試吐、御手調羹、力士脫靴、貴妃捧硯」種種美談。此期間他有一些典雅之作，但不是李白作品中最好的，他後來回憶這段皇宮生活說：

昔在長安醉花柳，五侯七賢同杯酒。
氣岸遙凌豪士前，風流肯落他人後？
夫子紅顏我少年，章臺走馬著金鞭。
文章獻納麒麟殿，歌舞淹留玳瑁筵。

——流夜郎贈辛判官

翰林秉筆回英盼，麟閣崢嶸誰可見。
承恩初入銀臺門，著書獨在金鑾殿。
龍駒雕鐙白玉鞍，象牀綺席黃金盤。

當時笑我微賤者，卻來請謁為交歡。

——贈從弟南平太守之遙

但因李白在皇宮仍然狂放不拘，顯然李白不把禮法放在眼裡，使得皇帝和那些大官開始怕他，從近而遠之變成排擠乃至政治鬥爭。他只好離開長安，又過著流浪漂泊的生活。這以後的生活有很長一段潦倒困苦，他又到過神州大地許多地方。據研究考證，李白父親在西域做生意賺不少錢，也給李白幾十年「旅行」花得光光。從他詩文可以了解一些情境，竟窮得付不出酒錢：

萬里無主人，一身獨為客。

——淮南臥病書懷

一身竟無託，遠與孤蓬征。

——鄴中贈王大

一朝謝病遊江海，疇昔相知幾人在？
前門長揖後門關，今日結交明日改。
——贈從弟

欲邀擊筑悲歌飲，正值傾家無酒錢。
——醉後贈從甥高鎮

人到潦倒時，朋友也沒了，似乎古今都是，連酒錢也付不出來，人生到此才體會到何謂現實？天寶十四年（七五五）冬十一月，安祿山造反，郭子儀爲朔方節度使，十二月顏真卿（大書法家）起兵討賊。這年，李白已經五十五歲了。

次年春正月，安祿山稱大燕皇帝，六月帝玄宗奔蜀，秋七月太子即位靈武，是肅宗亨至德元年（七五六），尊玄宗爲上皇。而這年李白險些獲罪要處死刑，他這年隱居廬山時，因叛將永王璘招李白入幕作詩，但畢竟這場變亂終於平息了，李白卻因獲罪而要處死，幸好郭子儀出力救他，改流夜郎，走到巫山，改赦放歸。之後他寫了一首五言長詩，〈經亂離後天恩流夜郎憶舊游書懷贈江夏韋太守良宰〉，說明自己生平及對國家社會的關懷，是研究李白的重要史料。

晚年的李白過著平靜的生活，人老了心境也清淨很多，到處看山賞景，寫了一些山水詩。肅宗寶應元年（七六二）十一月，李白因病死於當塗，傳說中的入水捉月而死，只是詩人間傳說一種浪漫故事。

貳、李白的作品

李白是中國歷史上最偉大的天才詩人，已不須我著墨稱美。小李白十一歲的杜甫最傾倒，稱李白詩作「筆落驚風雨、詩成泣鬼神」，二人同代又有深厚友誼。

樂府中的民歌自漢流傳以來，到李白已經很成熟。他有一百四十餘樂府詩，把民間的民歌語言盡情揮灑，使詩歌在內容、形式的解放，對後世詩人影響很大。

長安一片月，萬戶擣衣聲。
秋風吹不盡，總是玉關情。
何日平胡虜？良人罷遠征。

——子夜吳歌

玉階生白露，夜久侵羅襪。
卻下水精簾，玲瓏望秋月。
——玉階怨

牀前明月光，疑是地上霜。
舉頭望明月，低頭思故鄉。
——靜夜思

這些都是充滿樂府精神的民歌，自然抒情，千古流傳，是中華子民代代從小朋友開始的心靈美景。另一方面，李白的長篇作品亦顯氣勢雄偉，形式解放，如〈蜀道難〉和〈夢遊天姥吟留別〉，這些長文不引述。

詩到李白，有如中國詩壇出現「聖母峰」，從此千百年再也沒有超越者。這是因爲李白能從前代詩經、楚辭、樂府及整個中國文化提煉精華，加上他的天生才華創造出新風，才使得他的的「高峰」無人能超越，無人能學習，這是我們稱他「詩仙」的理由。

對酒不覺暝，落花盈我衣。
醉起步溪月，鳥還人亦稀。

——自遣

眾鳥高飛盡，孤雲獨去閒。
相看兩不厭，只有敬亭山。

——獨坐敬亭山

問余何事棲碧山，笑而不答心自閑。
桃花流水杳然去，別有天地非人間。

——山中問答

他晚年常佇足敬亭山、采石磯一帶，他成爲一個幽居的隱士，狂放不拘的李白不見了，與整個大自然合而爲一了，心靈的清淨使作品有了田園山水風格，且集王維、孟浩然、岑参、高適等各家之長，欣賞他的絕句。

天下傷心處，勞勞送客亭。
春風知別苦，不遣柳條青。
——勞勞亭

朝辭白帝彩雲間，千里江陵一日還。
兩岸猿聲啼不住，輕舟已過萬重山。
——早發白帝城

峨眉山月半輪秋，影入平羌江水流。
夜發青溪向三峽，思君不見下渝州。
——峨眉山月歌

故人西辭黃鶴樓，煙花三月下揚州；

孤帆遠影碧空盡，唯見長江天際流。

——黃鶴樓送孟浩然之廣陵

這些叫我們代代子孫再讀千萬變也不厭倦，意境高美，感情豐富。最主要和我們能有心靈感應，你讀到江陵、峨眉山、三峽、黃鶴樓、揚州、長江……你便自心中湧出許多歷史、文化、宗教、民間傳奇等故事，與你心心相印；這和你讀到加州、東京等，雖同樣只是一個「名詞」，心境卻大大不同。李白的律詩亦詩中極品，如〈渡荊門送別〉、〈送友人〉等。李白作品除藝術價值和地位外，在中國歷史、中華文化的現實意義我認爲有四。

第一、他一生走遍中國大地各處，他的詩歌正描述和活化神州壯麗山河。他創新的表現手法，強烈的藝術力量，吸引每一代的中國人從兒童時代就喜歡李白，產生熱愛祖國山河草木的熱情。

第二、李白許多作品也直接反映民生，批判政治黑暗，心懷苦難的人民，揭發政客權貴荒淫及戰禍災難等，如〈戰城南〉和多首〈古風〉等。

第三、李白詩歌充滿對本民族的自豪，這些產生強大的感染力，且氣勢雄奇，生命力旺盛。就算說「愁」也是驚天動地的，如「舉杯銷愁愁更愁」「與爾同銷萬古愁」，他的愁，反而是不愁。李白詩歌可以鼓舞中華民族的生命力道理在此。不像有些作品讀了，讓人想去跳海、跳樓自殺（如西方存在主義作品）。

第四、李白最反對形式主義，他雖承接詩經、楚辭、樂府民歌，卻以橫溢才華創新格局，再掃清六朝以來的豔麗柔靡，重新振奮雄偉詩歌的藝術力量。對廿一世紀的中國作家乃至學子們，都會產生鼓舞發展的動力。

參、現代流行歌中的李白詩歌意象

李白許多詩作，在中國歷代民間社會，從幼兒娃娃到百歲人瑞，都能朗朗上口，李白等於活在每一代中國子民心中，以其詩歌救人魂、救國魂乃至撫慰人心。

在當代中國（西岸）乃至海外華人社會，流行歌中有很多飽涵李白的詩歌意象，人們經由這些流行歌，重新回憶神州大地的經典美景，想起歷史上一些動聽的故事，這便俱有教育、啓蒙的作用了。今舉兩例，一者是〈煙花三月〉，運用了李白〈黃鶴樓送孟浩然之廣陵〉詩；另一首是〈新鴛鴦蝴蝶夢〉，運用了李白〈宣城謝朓樓餞別校書叔雲〉：

棄我去者，昨日之日不可留。亂我心者，今日之日多煩憂。長風萬里送秋雁，對此可以酣高樓。蓬萊文章建安骨，中間小謝又清發。俱懷逸興壯思飛，欲上青天覽明月。抽刀斷水水更流，舉杯消愁愁更愁。人生在世不稱意，明朝散髮弄扁舟。

兩首流行歌均附於後，這兩首歌也受到四海中國人的喜愛，當你高歌的時候，是否想到李白，還感受到什麼？總結李白詩品人品的思想和價值，在中華文化圈內，勝過多少座大博物館，古物會破滅流失，李白卻是永恆的神祇，詩歌不朽永遠活在每一代中華子民心中，啓蒙者每一代的中國娃娃。

所以，別亂說「李白是外國人」，若你要硬這麼說，你不僅惹惱了所有中國人，也觸怒了所有住在台灣和大陸廟宇的每一個神仙，當然包含「詩仙」李白，你不是自尋死路嗎？就算你真想死，死後列祖列宗也饒不了你的魂！

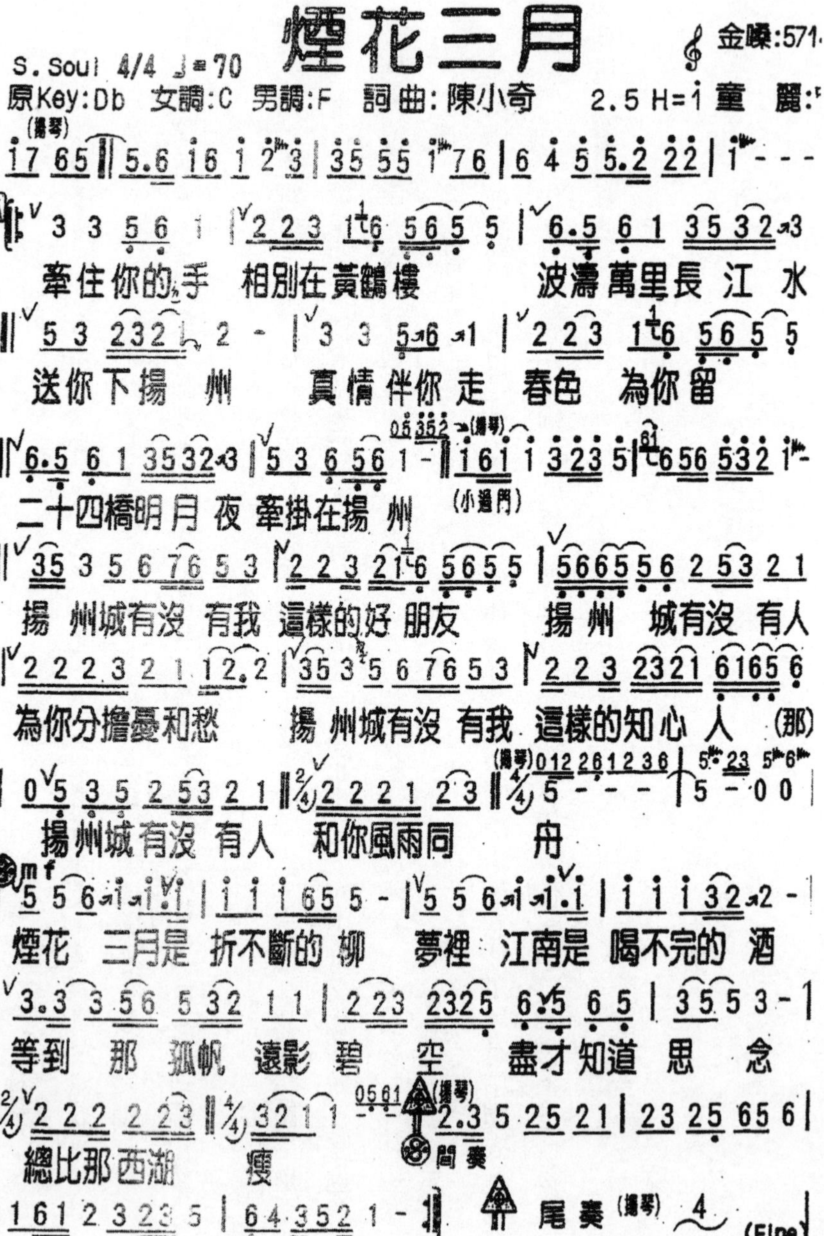
煙花三月
S. Soul 4/4 ♩=70
金嗓:571
原Key:Db 女調:C 男調:F 詞曲:陳小奇
2.5 H=i 童 麗
(揚琴)
牽住你的手 相別在黃鶴樓 波濤萬里長江水
送你下揚州 真情伴你走 春色為你留
(小過門)
二十四橋明月夜 牽掛在揚州
揚州城有沒有我這樣的好朋友 揚州城有沒有人
為你分擔憂和愁 揚州城有沒有我這樣的知心人 (那)
揚州城有沒有人 和你風雨同舟
煙花三月是折不斷的柳 夢裡江南是喝不完的酒
等到那孤帆遠影碧空盡 才知道思念
總比那西湖瘦
間奏
尾奏
(Fine)

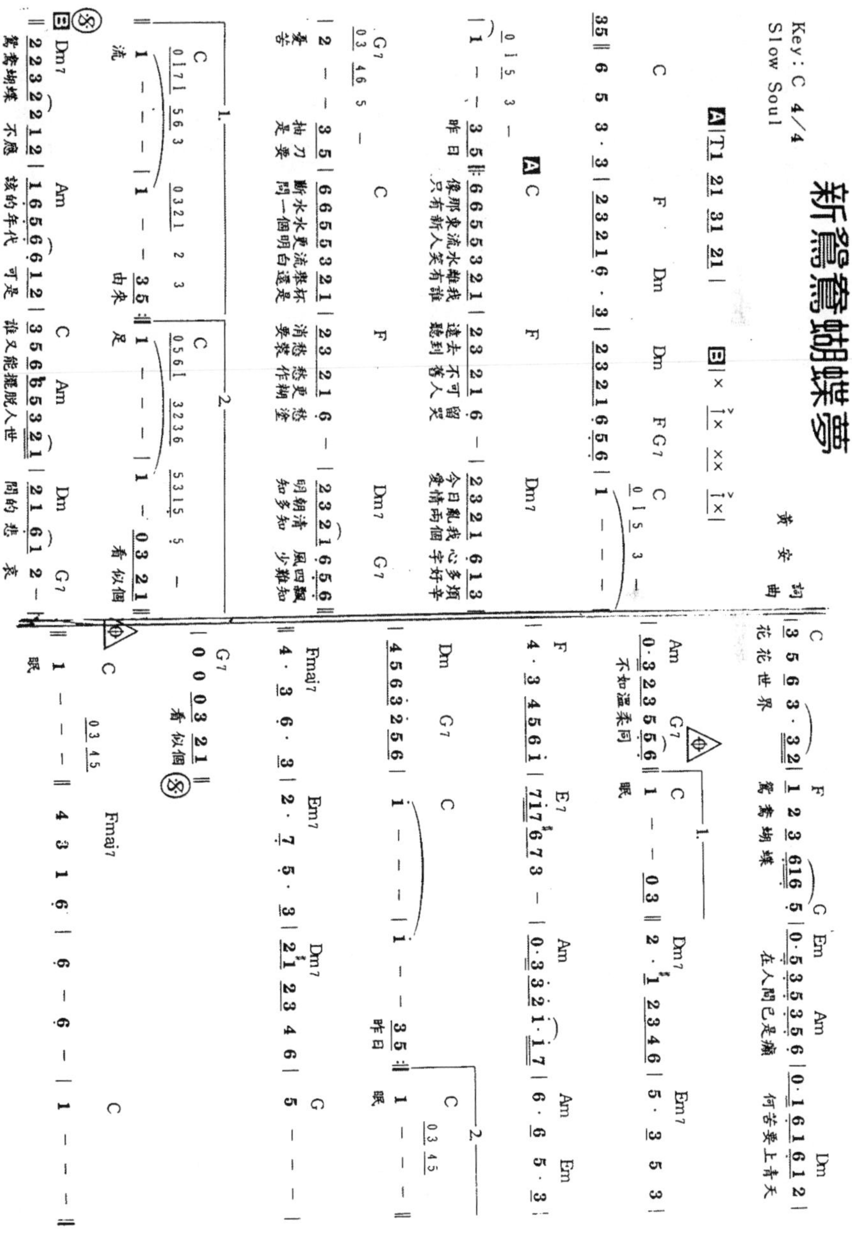
新鴛鴦蝴蝶夢
Key：C 4/4
Slow Soul
黃安 詞
黃安 曲

第四章 陶淵明，你因站在邊陲心懸核心而偉大

——你給中國農民最美的夢境

陶淵明，生於晉簡文帝咸安二年（三七二），死於南北朝魏太武始光四年（四二七）。名潛，字元亮，潯陽柴桑（江西九江）人。他在中國文學史上，向來有「隱逸詩人之宗」，後來的王維、孟浩然等，無不受到他很大的影響。

壹、陶淵明生平和思想略述

西晉名將做過大司馬的陶侃是陶淵明的曾祖父，其祖茂、父逸，都曾經做過太守。按常理判斷，他家應是有錢人，或有可能父祖輩都「盡散家產」，救濟窮困，因為晉雖名義統一，實際上也很動亂，到他時已非常貧窮。在〈有會而作〉中，他說：「弱年逢

家乏，老至更長飢。菽麥實所羨，孰敢慕甘肥……日月將欲暮，如何辛苦悲。」可見他幾可說一輩子過著貧窮生活，他也不去刻意圖富貴。

用現代語言說，陶淵明是一個很隨興（性）、自由自在的人，完全任由自己的感覺走。有官作就去作官，亦不以官爲榮；不想幹了就辭官回家種田，也不以退隱爲高，好像一片雲，飄到何處都好。

他在年輕時也有雄心壯志，如「少年壯且厲，撫劍獨行遊」、「猛志逸五海，騫翮思遠翥」，是他在〈擬古〉和〈雜詩〉中，伸說自己的志向。當代政局動亂，黑暗腐敗，他又不願同流合污，只好追求自己理想，他在〈歸去來辭序〉，有一段話說：

> 余家貧，耕植不足以自給。幼稚盈室，罐無粟。生生所資，未見其術。親故多勸余為長吏，脫然有懷，求之靡途。會有四方之事，諸侯以惠愛為德，家叔以余貧苦，遂見用於小邑。於時風波未靜，心憚遠役，彭澤去家百里，公田之利，足以為酒，故便求之。及少日，眷然有歸歟之情。何則？質性自然，非矯厲所得，飢凍雖切，違己交病。嘗從人事，皆口腹自役。於是悵然慷慨，深愧平生之志。猶望一稔，當斂裳宵逝。尋程氏妹喪於武昌，情在駿奔，自免去職。仲秋至冬，在

官八十餘日，因事順心，命篇日歸去來兮。

陶淵明的隨性自在，讓他的生命呈現完全的真實，表裡如一，沒有說一套做一套的現象。所以《朱子語錄》說：「晉宋人物，雖日尚清高，然個個要官職。這邊一面清談，那邊一面招權納貨。陶淵明真個能不要，所以高於晉、宋人物。」陶淵明就是這樣一個能「不要」的人，所以是真清高。

他辭官後，每天和農夫一樣，自己下田耕種，閒時飲酒爲樂。中國傳統農業社會有一種清高的生活型態，是謂「耕讀傳家」，以農耕、讀書、寫作爲主要內涵的家庭生活，有點理想、浪漫的色彩。陶淵明之回歸田園，固然是他本性就喜歡山水，但主要還是當時政治黑暗。東晉的王室本質上是諸世家族中的一族而已，所謂「朝廷賦役繁重，吳、會尤甚。」正說明朝政所行，不過三吳（丹陽、會稽、吳郡）一隅，王敦、蘇峻、桓溫之亂後，桓玄篡位，東晉形同滅亡。雖曾有陶侃、祖逖、謝安等中興人才，淝水之戰的全勝，可惜政客內鬨如今之台灣，不知國家、人民爲何物？也很快在晉元熙二年（四二〇）滅亡，把江山讓給另一個朝代。

陶淵明處在這樣的時代，無力救國救民，又不能同流合污。又看那些無恥政客的無恥行爲，統治階層的腐敗，做爲一個有心用世的文人，自然是無比傷痛。他在〈感士不遇賦序〉說，「自真風告逝，大僞斯興，閭閻懈廉退之節，市朝驅易進之心。」表示他對當時政治、社會極爲厭惡了。我想那情境像是今日之台灣，整個社會盡在痛罵、怨氣沖天，立法院亂、亂、亂，還是亂！陶淵明必定要一塊淨土以寄托生命。

陶淵明如果活在現在的台灣，看著漢奸李登輝、篡竊貪污的陳水扁家族等一干亂臣賊子，他會怎麼辦？他說：「飢凍雖切，違己交病」、「我不能爲五斗米向鄉里小兒折腰」，這是真實的陶淵明，以身教告訴所有中國人，「要有骨氣」。一個沒有骨氣的民族，就像魯迅留倭看到那影片（本書第一章），猪狗都不如。事實上，清末到民初，中國人確實猪狗不如，倭人開的餐廳門口告示牌寫著：「中國人和狗不得入內」，孫中山稱「次殖民地」，就是連殖民地也不如！

陶淵明生長的年代像現在的台灣或清末，他的思想受儒、道二家影響，有儒家用世的精神；天下不可爲，則退居老莊清靜逍遙的「桃花源」世界。

貳、陶淵明作品的風格

一般說陶淵明的作品，繼承漢、魏正始的傳統，這只對了一半，因為他改掉「正始文學」許多毛病。「正始」是魏齊王芳的年號，他只在位十四年（二四〇—二五四），被司馬師所廢，故又叫廢帝。此時曹氏政權已岌岌可危，大權都被司馬氏控制，這是一個腥風血雨的年代，詩人、作家只好逃入「玄學」安全島。故，正始文學即一片玄風，代表人物如何晏、王弼、阮籍，都是一些談玄說理、神仙高士的戀歌。

陶淵明去除正始玄風，不說神仙高士，完全回歸到人的基本面，進入中國農村的平淡生活，書寫山林原野的自然雅趣。他一生作品可分兩期，三十四歲那年辭去彭澤令隱居山林可為兩期分界。在前期他仍希望在現實社會有所貢獻，中國讀書人「學而仕」還是他的人生主旨。「疇昔苦長飢，投來去學仕……是時向立年，志意多所恥。」（飲酒）。「投策命晨裝，暫與園田疏」，都意味著他從田園農村走向政治社會的努力。前期作品因人生的磨難尚不足，並非他的最好，以下可為前期較好的代表作。

自古歎行役，我今始知之。山川一何曠，巽坎難舉期。崩浪聒天響，長風無息時，久遊戀所生，如何淹在茲。靜念園林好，人間良可辭。當年詎有幾，縱心復何疑。

（庚子歲五月中從都還阻風於規林）

……投策命農裝，暫與園田疎。眇眇孤舟逝，綿綿歸思紆。我行豈不遙，登陟千里餘。目倦川塗異，心念山澤居……（始作鎮軍參軍經曲阿作）

在這些作品中，也見他對仕途雖有心想要，卻是感到厭倦的，前期的心境如是，並非他的本性。他後期完全回歸田園的作品最多，藝術價值也最高，他的歸隱是對現實的反抗，另一面也呈現當時農村的真相，工作的辛勞，農村在政治黑暗影響下的凋敝。由於他在農村的長期生活，他期待更美好的農村社會，他提出「桃花源」理想國，桃花源詩和思想的重要意義，在於有其積極光輝的境界，大家靠工作生活，互助友愛，沒有賦稅，沒有階級的社會。除藝術價值外，思想也是超越當時各家思潮。

梁昭明太子蕭統，爲他寫傳、編集子，詩文共有一百三十餘篇。後期作品最受歷代許多人所愛，其中〈歸田園居〉五首、〈飲酒〉二十首、雜詩等都是經典。

少無適俗韻，性本愛青山，誤落塵網中，一去三十年。羈鳥戀舊林，池魚思故淵。
開荒南野際，守拙歸田園。方宅十餘畝，草屋八九間。榆林蔭後簷，桃李羅堂前。
曖曖遠人村，依依墟里煙。狗吠深巷中，鷄鳴桑樹顛。戶庭無塵雜，虛室有餘閒。
久在樊籠裏，復得返自然。（歸田園居）

結廬在人間，而無車馬喧。問君何能爾，心遠地自偏。採菊東籬下，悠然見南山，
山氣日夕佳，飛鳥相與還。此中有真意，欲辨已忘言。（飲酒）

人生無根蒂，飄如陌上塵，分散逐風轉，此已非常身。落地為兄弟，何必骨肉親。
得歡當作樂，斗酒聚比鄰。盛年不重來，一日難再晨。及時當勉勵，歲月不待人。
（雜詩）

參、平凡平易中見偉大

陶淵明是魏晉到隋唐間的大詩人，但因是沒落士子，生長在一個重門第的時代，詩

風不願和當時的綺麗浮艷同流，在當時頗受冷落。但經歷代評價，認爲他是屈原以後，杜甫以前最偉大的一位詩人，是否把李白比下去了，卻不得而知。

陶詩風格鮮明，文學語言質樸清簡，詩以外，餘如〈歸去來辭〉、〈桃花源記〉、〈五柳先生傳〉等都是千古名品。他雖稱「隱逸詩人之宗」，也並非不顧天下蒼。他不得已站在邊陲，仍心懷核心，在〈贈羊長史〉、〈詠荊軻〉、〈擬古〉等作，可以理解他悲憤的感情，還是和時代脈博同時跳動的。

> 燕丹善養士，志在報強嬴。招集百夫良，歲暮得荊卿。君子死知己，提劍出燕京。
> 素驥鳴廣陌，慷慨送我行。雄髮指危冠，猛氣衝長纓。飲餞易水上，四座列群英。
> 漸離擊悲筑，宋意喝高聲。蕭蕭哀風逝……其人雖已歿，千載有餘情。（詠荊軻）

陶淵明的田園詩歌是中國農民最美的夢境，乃至所有人的心靈糧食，雖屬老莊避世，但他站在邊陲仍心懷核心，牽掛國家民族興衰。他的桃花源也是中國人的理想國，美麗的民族神話，而藝術成就影響了後世許多詩人，沈德潛在《說詩晬語》言，「唐人祖述者，王維有其清腴，孟浩然有其閒遠，儲光羲有其樸實，韋應物有其沖和，柳宗元有其峻潔，皆學陶焉而得其性之所近。」李白、杜甫等也都對他表示仰慕。

清代詩人龔自珍說，「陶潛酷似卧龍豪，萬古潯陽松菊高。莫信詩人竟平淡，二分梁甫一分騷。」（舟中讀陶），又說：「陶潛正因爲並非渾身是靜穆，所以他偉大。」

第五章　杜甫，你因心繫黎民、國家安危而偉大

——中華民族最貼近民心的詩人

杜甫，小李白十一歲，算是同時代的人，二人是知心好友。杜甫生於唐玄宗先天元年（七一二），死於代宗大歷五年（七七〇），才五十九歲。

杜甫字子美，號少陵，襄陽人。他是晉代名將杜預的第十三代孫，故也稱京兆杜陵人。杜預以降各代是：杜耽↓杜遜（遷襄陽、杜甫這支）↓依藝（杜甫曾祖父、鞏縣令、舉家遷往）↓審言（杜甫祖父、武后時詩人）↓杜閑（杜甫父親、一個小官），到杜甫時家道很窮了。從以上看，杜甫也有三個籍貫，京兆、襄陽、鞏縣。

壹、心繫黎民苦難的杜甫和他的一生

相傳杜甫七歲能詩，青少年時期曾跟北海太守李邕習文學。開元廿三年（七三五）廿三歲的杜甫竟進士不第，乃到各處放蕩、旅遊，先到長安，又到齊、趙，將近十年才回到咸陽，在洛陽碰到長他十一歲的李白，二人建立了不凡的友誼。又過了十年，受知於玄宗，在長安當了一個不大不小的官（參軍）。

在長安蹉跎了十年，但政局腐敗導至的安祿山造反，文官貪污，武人黷兵，戰爭給人民帶來很多苦難。杜甫也想用世，苦無機會。他在很激動又痛苦下寫了〈兵車行〉、〈麗人行〉，前者是人民苦於戰爭，後者是楊國忠兄妹的奢淫。

車轔轔，馬蕭蕭，行人弓箭各在腰。爺孃妻子走相送，塵埃不見咸陽橋。牽依頓足攔道哭，哭聲直上干雲霄……縣官急索租，租稅從何出?信知生男惡，反是生女好。生女猶得嫁比鄰，生男埋沒隨百草。君不見青海頭，古來白骨無人收。新鬼煩冤舊鬼哭，天陰雨濕聲啾啾（兵車行）

從安史之亂到他入蜀的四五年，是他生命中最痛苦時期，個人流離失所，妻兒飢餓以至死亡，戰爭造成大毀滅大飢荒，看到更多社會和人生真相，留下有名的詩句，「朱門酒肉䐁，路有凍死骨」。幸有郭子儀、李光弼和胡人拼戰，但國破家亡，〈哀江頭〉、〈哀王孫〉、〈悲陳陶〉、〈悲青坂〉都是這時期作品。愛國的熱情無由抒放，人民的苦難無由解救，家貧人亡無由寄託，他寫下兩首千古名詞：

國破山河在，城春草木深，感時花濺淚，恨別鳥驚心。火烽連三月，家書抵萬金，
白頭搔更短，渾欲不勝簪。（春望）

今夜鄜州月，閨中只獨看，遙憐小兒女，未解憶長安。香霧雲鬟濕，清輝玉肩寒，
何時依虛幌，雙照淚痕乾。（月夜）

在郭子儀借回紇兵的努力下，終於收復兩京，大唐經此一亂，開始邁向衰亡，拖了一百多年到昭宗光化二年（八九九）才亡。杜甫回到長安，肅宗給他一個小朝官，不久

改參軍，壯懷激烈的熱情漸漸冷了。有了退隱的想法，於是到華州接了妻兒就毅然辭官，沿途所見，激起詩人無比的傷痛，寫下有名的三吏：〈新安吏〉、〈石壕吏〉、〈潼關吏〉；及三別：〈新婚別〉、〈垂老別〉、〈無家別〉。

> 四郊未寧靜，垂老不得安。子孫陣亡盡，焉用身獨完！投杖出門去，同行為辛酸。
> 幸有牙齒存，所悲骨髓乾。男兒既介冑，長揖別上官。老妻臥路啼，歲暮衣裳單……
> 萬國盡征戍，烽火被岡巒。積尸草木腥，流血川原丹。何鄉為樂止？安敢尚盤桓？
> 棄絕蓬室居，塌然摧肺肝。（垂老別）

他這些作品全以人民疾苦爲題材，故說他是寫實主義，人物感情和歷史環境都是親身體驗。爲了找到更好的生存環境，終於帶著妻兒冒險走蜀道，謀食到成都，他已四十八歲了。在成都浣花溪畔找到一塊荒地，杜甫率家人蓋草堂，也算經營出可以安居的窩。這時他的舊識嚴武任成都尹兼劍南兩川節度使，很照料杜甫一家，可惜平靜的日子維持五年，因嚴武遽逝。杜甫失去依靠，只好又離開成都。

離開成都後，杜甫到處漂泊，到過荊州、岳陽、衡州、潭州等地，或遇兵亂，或投親不遇，終於以舟為家，在去投舅父崔偉的路上，舟泊停方田驛，耒陽令聶某傾心杜甫詩文，送了一擔酒肉來，飽食之後，一夕而卒。偉大的詩人竟這麼死了，年才五十九歲。

貳、杜甫詩歌風格和思想內涵

杜甫詩歌有強烈的政治意識，有豐富的社會內容，尤其站在廣大的人民群眾立場發聲，真實反映了民心。再者，對政治的失望，強烈批判政客的腐敗，也發揚了愛國精神，都是杜甫詩歌的重要內涵。但因他一生經歷多變，各時期詩風也有很大不同，大致可分四期，長安蹉跎十年、安史之亂、成都草堂和離開成都。

第一個時期長安十年，他和每個讀書人一樣，充滿用世熱情，千方百計想得到朝廷青睞，但都不如意，此期間作品如〈三大禮賦〉，都不過一些自己懷才不遇之怨，部份和別的詩人唱和的詩。直到有一天，他在長安北渭水上的咸陽橋，看到遠行的兵士拋妻別子那一幕，他突然驚醒，寫下〈兵車行〉、〈麗人行〉。

第二個安史之亂時期，是杜甫生命最坎坷的高峰，目擊國家殘破，人民死無葬身之地，士兵埋骨荒山野草，聽到的盡是百姓的哀嚎。〈哀江南〉、〈哀王孫〉和三吏、三別都是這時作品，還有反映戰亂的〈悲陳陶〉、〈悲青坂〉等。

孟冬十郡良家子，血作陳陶澤水中。野曠天清無戰聲，四萬義軍同日死。羣胡歸來血洗箭，仍唱胡歌飲都市。都人迴面向北啼，日夜更望官軍至。（悲陳陶）

第三個成都草堂時期，五年不愁衣食的平靜生活，他的詩風顯得愉快，生命力開始活躍。有時也有閒情雅興遊「武侯祠」，而贊嘆前賢功業，留下「出師未捷身先死，長使英雄淚滿襟」名詩句。

舍南舍北皆春水，但見群鷗日日來，花經不曾緣客掃，蓬門今始為君開。盤飧市遠無兼味，樽酒家貧只舊醅。肯與鄰翁相對飲，隔籬呼取盡餘杯。（客至）

丞相祠堂何處尋？錦官城外柏森森。映階碧草自春色，隔葉黃鸝空好者。三顧頻煩天下計，兩朝開濟老臣心，出師未捷身先死，長使英雄淚滿襟。（蜀相）

最後一段，因嚴武之死，四川各地武人動亂，杜甫只好又去流浪，作詩越刻苦。成都的閒情愉悅不見了，代之詠嘆人生的淒涼。

細草微風岸，危檣獨夜舟，星垂平野濶，月湧大江流。名豈文章者，官因老病休，飄飄何所似，天地一沙鷗。（旅夜書懷）

風急天高猿嘯哀，渚清沙白鳥飛迴。無邊落木蕭蕭下，不盡長江滾滾來。萬里悲秋常作客，百年多病獨登臺。艱難苦恨繁雙鬢，潦倒新亭濁酒杯。（登高）

杜甫最後想去荊州投靠他弟弟，似未遇到，原因不詳。在夔州有安定一段時日，但氣候對老病的他不利。天下之大竟無可去處，杜甫帶著妻兒以舟爲家，到漁市場擺地攤維生，恰好碰到也流落潭州的李龜年，不覺悲從中來，又留下一首不朽的好詩：

岐王宅裏尋常見，崔九堂前幾度聞，正是江南好風景，落花時節又逢君。（江南逢李龜年）

代宗大歷五年，杜甫死於舟中，他有宗武、宗文兩個兒子，也都太窮了，無力爲客死的父親歸葬，靈柩暫寄岳州。直到四十三年後，元和八年（八一三），杜甫的孫子嗣業之努力，才把靈柩運到偃師，歸葬於首陽山杜預和杜審言之墓側。

杜甫大概是中國歷史上最貧窮的詩人，但他胸懷國家民族，傾聽人民的聲音，看見人民的苦難；對政治的腐敗黑暗，他用詩筆去彰顯和批判，也算爲人民出一口氣，這應該是他偉大的地方。

參、李杜，中國文壇上兩支頂天立地之巨柱

一個詩仙，一個詩聖，誰較偉大？他們是中國文壇上兩支頂天立地之巨柱。杜甫的孫子嗣業，運柩到偃師，路過荊州遇到大詩人元稹（字微之，河南人，七七九—八三一年，與白居易齊名，世稱「元白」詩風也相近。）懇請爲祖父寫一篇墓志銘：

……詩人以來，未有如子美者。是時山東人李白，亦以奇文取稱，時人謂之李杜。

> 余觀其壯浪縱恣，擺去拘束，模寫物象，及樂府詩歌，誠亦差肩子美矣……至若鋪陳終始，排比聲韻，大或千言，次猶數百，辭氣豪邁，而風調情深，屬對律切，而脫棄凡近，則李尚不能歷其藩翰，況堂奧乎？（元稹，〈唐故檢校工部員外郎杜君墓係銘幷序〉）

李杜齊名，同是中華文化文壇上兩支擎天巨柱，撐起中國文學這座永恆的神廟，滋養中華子民生生世世的心靈世界，成爲中華民族子子孫孫最美的夢境。經由李杜作品，可以認識更深切的神州大地人文采風，啓蒙炎黃子孫熱愛自己民族，國家的情懷。他二人生前都貧困，但詩魂照千古萬世，成爲民族一盞不滅的「神燈」。

> ……故元稹謂詩人以來，未有如子美者。甫又善陳時事，律切精深，至千古不少衰，世號詩史。昌黎於文昌慎許可，至於歌詩，獨推曰：「李杜文章在，光焰萬丈長。」誠可信會。（《新唐書．本傳贊》）

> ……太白以氣為主，以自然為宗，以俊逸高暢為貴。子美以意為主，以獨造為宗，

以奇拔沉雄為貴。其歌行之妙，詠之使人飄暢欲仙者，太白也。使人慷慨激烈，欷歔欲絕者，子美也……（王世貞，《藝苑卮言》）

太白以高勝，少陵以大勝。執金鼓以抗顏行，後人那能鼎足。（沈德潛，《唐詩別裁》）

李杜並稱，詩仙詩聖各有千秋。杜甫因一生潦倒，更貼近底層廣大的人民群眾，他又具有很敏銳的觀察力，洞察民間疾苦，加上他深厚的文學修養，使他成爲普遍民心的「代言人」。

杜甫的創作態度也很嚴肅，把作詩當成自己的春秋事業。他兒子宗武生日時，他以「詩是吾家事，人傳世上情」。這句話也是祖父審言勉勵兒子的，而杜甫對創作和學習也說過「讀書破萬卷，下筆如有神」（奉贈韋左丞文）、「爲人性僻耽佳句，語不驚人死不休」（江上値水如海勢聊短述）。

昔聞洞庭水，今上岳陽樓。吳楚東南坼，乾坤日夜浮。親朋無一字，老病有孤舟。

戎馬關山北，憑軒涕泗流。（登岳陽樓）

白帝城中雲出門，白帝城下雨翻盆。高江急峽雷霆鬥，翠木蒼藤日月昏。戎馬不如歸馬逸，千家今有百家存。哀哀寡婦誅求盡，慟哭秋原何處村？（白帝）

我從魯迅、李白、杜甫，一路思索書寫，到底那位對救人魂、救國魂、喚醒中華民族靈魂，最有效、最有功能！也說不上來。或許，如佛法的八萬四千法門，針對各種不同的情性、不同智愚，給予不同啓蒙方法。各位讀者看倌，魯李杜你適合那一家？或三家都要？

小記：

杜甫之死，世多訛傳。《明皇雜錄》說：「杜甫客耒陽，頗爲令長所厭。甫投詩於宰，宰遂致牛炙白酒，甫飲過多，一夕而卒。」《舊唐書．文苑傳》說：「甫嘗遊岳廟，爲暴水所阻，旬日不得食。耒陽令知之，自櫂舟迎甫而還。永泰二年，啗牛肉白酒，一夕而卒於耒陽。」《新唐書》亦然其說。寖至今日，坊間的文學史多以此爲本，不但失實，抑且有損詩聖形象。

杜甫死後四十年，元稹爲之作銘，時在《舊唐書》之前，只說「扁舟下荊楚間，竟以寓卒，旅殯岳陽」根本不涉「飫卒」之事。其實牛肉白酒之說，只要稍稍留意杜甫晚作，其誣自辯。大曆五年，杜甫將往郴州，時值江漲，泊於耒陽附近之方田驛，聶令書致酒肉，杜甫寫了一首長達十三韻的五古答謝。果真詩人一夕而卒，怎有時間吟詠一百三十字的長詩？而且詩中有句：「知我礙湍濤，半旬獲浩溔」，可見詩人斷炊不過五日，並非十日。其實一夕飫卒雖有可能，十日絕粒而不死卻違常理，世人奈何襲而不察。

答謝聶令的這首詩，題目很長，叫做〈聶耒陽以僕阻水，書致酒肉，療饑荒江；詩得代懷，興盡本韻，至縣呈聶令；陸路去方田驛四十里，舟行一日；時屬江漲，泊於方田〉。此詩寫成之後，杜甫還作了好幾首詩，在季節上或爲盛夏，或爲涼秋，在行程上則顯然有北歸之計。〈迴棹〉一詩說：「清思漢水上，涼憶峴山巔。順浪翻堪倚，迴帆又省牽。吾家碑不昧，王氏井依然……篙師煩爾送，朱夏及寒泉。」又說：「蒸池疫癘偏……火雲滋垢膩。」峴山在杜甫故鄉襄陽，足見此時正當溽暑，疾風又病肺的詩翁畏湖南溼熱，正要順湘江而下，再溯漢水北歸。〈登舟將適漢陽〉一首說：「春宅棄汝去，秋帆催客歸……鹿門自此往，永息漢陰機。」可見歸意已決，且已啓程。〈暮秋將歸秦留別湖南幕府親友〉一首又說：「北歸衝雨雪，誰憫弊貂裘？」則在季節上顯然更晚於前詩了。

也許有人會說，這只能顯示杜甫曾擬北歸，不能證明時序必在耒陽水困之後。但是仇兆鰲早已辯之甚詳，他說：「五年冬，有送李銜詩（按即〈長沙送李十一〉）云：『與子避地西康，洞庭相逢十二秋。』西康州即同谷縣，公以乾元二年冬寓同谷，至大曆五年之秋，爲十二秋。又有風疾舟中詩（按即〈風疾舟中伏枕書懷三十六韻奉呈湖南親友〉）云：『十暑岷山葛，三霜楚戶砧。』公以大曆三年春適湖南，至大曆五年之秋，爲三霜。以二詩證之，安得云是年之夏卒於耒陽乎？」

前述風疾舟中一詩又云：「故國悲寒望，群雲慘歲陰，水鄉霾白屋，楓岸疊青岑。鬱鬱冬炎瘴，濛濛雨帶淫……葛洪尸定解，許靖力難任。家事丹砂訣，無成涕作霖。」可見杜甫之死，應在大曆五年之冬，自潭北歸初發之時。

右〈湘逝〉一首，虛擬詩聖歿前在湘江舟中的所思所感，時序在那年秋天，地理則在潭（長沙）岳（岳陽）之間。正如杜甫歿前諸作所示，湖南地卑天溼，悶熱多雨，所以〈湘逝〉之中也不強調涼秋蕭瑟之氣。詩中述及故人與亡友，和晚年潦倒一如杜公而爲他所激賞的幾位藝術家。或許還應該一提他的諸弟和子女，只有將來加以擴大了。（《余光中詩選》，台北，洪範書局，二〇〇六年四月版，頁三〇八—三一〇。）

第六章 李後主，你是中國歷史最偉大的「亡國之君」

——邁向文壇永恆不倒的君王

我們常罵某一國家領導人是「亡國之君」，大約有兩種情形，一再搞垮政權、政府的領導人（國家尚未垮台）；再者是國家〈朝代〉結束的最後一任領導人。前者如台灣的李登輝，刻意搞垮國民黨政權，企圖終結中華民國，是一個比魔鬼更邪惡的人魔，比漢奸再奸的巨奸。

後者就更多了，中國幾千年分合，說不完的大小朝代，最後一任也都是「亡國之君」。不論那一種亡國之君，通常成為歷史的負面教材，遺臭萬年的被罵得臭頭，永世翻不了身。

南唐李煜是最特別、意外的亡國之君，且在歷史公正評價後，他很快翻身成為中國歷史上「文壇不倒的君王」。無人臭罵他，所有中國的文人都在心中供起他的神殿。因此，李後主的文學生命對歷代中華子民，認識本民族的文學、文化，有強大的情緒感染力。只要在中國讀完中學以上的人會同意並理解我的說法，而「老外」不懂也難理解。

壹、李後主生平略述

南唐是五代時割劇一方的十國之一，爲吳國徐溫的養子徐知誥所建，篡吳以後，改名李昪，都金陵。能禮賢下士，接納規諫，減輕賦稅，獎勵農桑，與民休養生息，民賴以安。其子李璟繼立，南滅閩，西滅楚，領土日廣。但屢爲後周世宗所敗，失去江北各地，且廢除帝號，奉周正朔。可以這麼說，南唐後主李煜繼位時，南唐這個國家在形式上已經亡了。我用一個類似的比喻，假設馬英九政府和大陸商議統一條件講好，先取消「中華民國」和「年號」，順利也完成統一，請問讀者客倌，馬英九是不是「亡國之君」？或後面再有最後一任「台灣領導人」，他是不是「亡台之君」？

李後主就是碰到這樣的困局，南唐政權確實是在他手上結束的。但歷史和後世子民沒有臭罵他，沒有責怪他，反而以他的文學成就吸引無數熱愛中國文學、文化的粉絲，全都來「抬轎」，讓他坐上「中國文壇永恆不倒的君主」大位。這樣的地位超越了所有「非亡國之君」，超越了秦皇漢武康熙這些「大帝」。這些大帝其實不久也倒了，歷史還有誰說他是「永恆不倒的君王」？

李煜，生於南唐李昪元年（後晉高祖天福二年，九三七年），死於宋太宗太平興國三年（九七八年）。字重光，李璟第六子，他生來不是一塊當帝王搞政治的料子，而是一個擁有絕世天才的文學家、藝術家。宋太祖開寶七年（九七四），宋將曹彬伐南唐，次年春二月曹彬大敗南唐兵於秦淮，進圍金陵，冬十一月，曹彬克金陵，後主肉袒出降。後主出降後，太祖封爲違命侯，從此以南面王而北面囚，受盡人間難堪和屈辱。但人間價值極難論斷，他的文學因亡國磨難大人提昇了境界，才翻身成爲文壇永恆不倒的君王。

江南李煜既降，太祖嘗因曲宴問：「聞卿在國中好作詩。」因使舉得意者一闋。煜沉吟久之，誦其〈詠扇〉云：「揖讓月在手，動搖風滿懷。」……他日復燕煜，顧近臣曰：「好一個翰林學士。」《石林燕語》

南唐後主在圍城中作臨江仙，詞未就而城破，嘗見殘稿，點染晦昧，心方危窘，不在書耳。藝祖曰：「李煜若以作詩工夫治國家，豈吾俘也。」《西清詩話》

後主雖非政治人才，但他未亡國前亦爲君仁厚，以愛民爲志，蠲賦息役，而以珠寶玉帛、卑躬折節以事宋，求暫時苟安，但中國歷史不會容忍「分裂狀態」持續下去，就像現在的兩岸也不可能永久持續，形成兩個中國。宋太祖必然要完成最後的統一，最後連後主小命也被「終結」了，《樂府紀聞》說：

> 後主歸宋後，與故宮人書云，此中日夕，只以淚洗面。每懷故國，詞調愈工。其賦〈浪淘沙〉、〈美人〉云云。舊臣聞之，有泣下者。七夕在賜第作樂，太宗聞，怒。更得其詞，故有賜牽機藥之事。

貳、李後主前期作品

後主的詞，因人生劇變，內容和風格都以亡國爲分界，不朽經典都在後期。前期未亡國，已是宋主的附庸，至少後主還能過著奢華的宮庭生活，有大小周后侍候的美滿婚姻，都對前期作品有很大影響。

李後主宮中未嘗點燭，每夜懸大珠寶，光照一室。嘗賦〈玉樓春〉詞云云。《詞苑》

後主昭惠后周氏，大司徒宗之女，甫十九歲即歸於王宮。通書史，善音律，尤工琵琶，元宗賞其藝，取所用琵琶，時謂之燒槽者賜焉。後主即位，冊為國后。《南唐書》

昭惠國后周氏，小名娥皇……通書史，善歌舞，尤工琵琶……嘗雪夜酣讌，舉杯請後主起舞。後主曰：「汝能創為新聲則可矣。」后即命箋綴譜，喉無滯音，筆無停思，俄傾譜成，所謂邀醉舞破也。又有恨來遲破亦后所製。故唐盛時，霓裳羽衣最為大曲，亂離之後，絕不復得。后得殘譜，以琵琶奏之，於是開元、天寶之遺音復傳於世。（陸游，《南唐書昭惠國后周氏傳》）

在李後主的生命中有兩位天份極高的女藝術家，對後主前期作品產生很大影響，就是他心愛的昭惠國后和小周后（昭惠的妹妹），這兩個女人也給後主帶來前期的美滿生活。浪漫、美滿的宮中生活，是他心中真實的感受，風流韻事成為古今無出其右的「情詩」。

雲一緺，玉一梭，澹澹衫兒薄薄羅，輕顰雙黛螺。秋風多，兩相和，簾外芭蕉三兩窠，夜長人奈何。（長相思）

晚妝初了明肌雪，春殿嬪娥魚貫列。風簫吹斷水雲間，重按霓裳歌遍徹。臨風誰更飄香屑，醉拍闌干情味切。歸時休放燭花紅，待踏馬蹄清夜月。（玉樓春）

晚妝初過，沈檀輕注些兒個。向人微露丁香顆，一曲清歌，暫引櫻桃破。羅袖裛殘殷色可，杯深旋被香醪涴。繡牀斜凭嬌無那。爛嚼紅茸，笑向檀郎唾。（一斛珠）

花明月黯飛輕霧，今宵好向郎邊去，衩襪步香階，手提金縷鞋。畫堂南畔兒，一向偎人顫，奴為出來難，教君恣意憐。（菩薩蠻）

後主的前期作品雖非他一生的經典代表，卻也已足以流傳千秋，成爲每一代中國子民欣賞的藝術瑰寶。他的好日子並未持續太久，愛兒瑞保和大同后相繼死了，外患日急，宋軍圍城，皇帝成爲俘虜，精神上受到的痛苦和侮辱，難用筆墨形容。

他當了俘虜後，宋主並未給他應有的「尊重」，封「違命」已極難堪。《宋史》說：「太平興國二年，煜自言其貧」；又他在書信中說：「此中日夕以淚洗面。」（避暑漫抄引）。古今文壇常說，「苦難是文學最佳營養」，後主經一波波苦難「滋補」，終於出現中國詞林之聖品，取得「文壇永恆不倒的君王」之認證。

參、李後主後期作品

後主內心的淒苦完全表現在作品上，也是對亡國的傷痛，看在宋帝眼裡，覺得是一種叛逆，或可能也有政治顧慮，會鼓舞想要復國的人，據聞以毒藥結束李煜的生命。這時正好七月七日的晚上，他剛好四十二歲的青壯年華。有形生命走了。無形生命成爲不朽的傳奇，他的詞乃千古絕唱，無人能及。原因是歷史再也沒出現過像他那樣的才華和遭遇，他的詞才成爲中國文學空前絕後之聖品，各地中國人解鄉愁之「補品」。

春花秋月何時了，往事知多少，小樓昨夜又東風，故國不堪回首月明中。雕闌玉砌應猶在，只是朱顏改，問君能有幾多愁，恰似一江春水向東流。（虞美人）

人生愁恨何能免，銷魂獨我情何限，故國夢重歸，覺得雙淚垂。高樓誰與上，長記秋晴望，往事已成空，還如一夢中。（子夜歌）

林花謝了春花，太匆匆，無奈朝來寒雨晚來風。胭脂淚，相留醉，幾時重，自是人生長恨水長東。（烏夜啼）

無言獨上西樓，月如鈎，寂寞梧桐，深院鎖清秋。剪不斷，理還亂，是離愁，別是一般滋味在心頭。（相見歡）

李後主的詞，歷代評論家都給他崇高的禮贊，沈雄在《古今詞話引》說，「後主疏於治國，在詞中猶不失爲南面王。」譚獻在《譚評詞辨》亦說，「後主詞足當太白詩篇，高奇無匹。」周之琦在《詞評》說，「予謂重光，天籟也，恐非人力所及。」這是多麼神奇的贊美，即非人力所及，當然就是「天上掉下來」給中華民族的寶物。但後主的作品並未充溢多少愛國精神，也並非魯迅那種以文學醫人魂、救國魂、喚醒中華民族靈魂之作，那他的詞中「藏」有何種「靈藥」，能感動每一代中華子民的心！

肆、李後主作品思想性的價值

歷代文壇對後主作品評價極高，但在現代人而言，尤其現在中國社會的特殊處境，既將如千年前的大唐，發展成國際盟主的地位，後主的作品如何產生救國魂、聚國力之神效。我認爲劉大杰在《中國文學發展史》一書，說得最貼切實在，李煜的詞要從作者的主觀思想和藝術的客觀效果，所能產生的思想性去考察。

確實只有到達思想的高度，才能有深厚的穿透力，自然可以感動海內外中國人，成爲中國人的「共同語言」和「精神食糧」。他的作品並非那種鼓動愛國思想，心懸國家民族之作，只是一些故國往事的眷戀。但當我們通過他的情懷抒展和天籟般的藝術語言，便構成一種對外散發的感染力，這就是作品的客觀效果，「小樓昨夜又東風風，故國不堪回首月明中」。動人的抒情詞句，自然會引起讀者的共鳴，也就是所有中國人的共鳴，「共同語言」於焉形成。

客觀之詩人，不可不閱世，閱世愈深，財材料愈豐，愈變化。水滸紅樓夢之作者是也。主觀之詩人不可多閱世，閱世愈淺，則性情愈真，李後主是也……尼采謂，一切文學余愛以血書者，後主之詞真所謂以血書者也。宋道君皇帝燕山亭詞亦略似之，然道君不過自道身世之感，後主則儼有釋迦基督荷人類罪惡之意，其大小固不同矣……唐五代之詞，有句而無篇，南宋名家之詞，有篇而無句。有篇有句，唯李後主降宋以後之作，及永叔少游美成稼軒數人而已。（王國維，《人間詞話》）

王國維推崇李後主作品「真所謂以血書者也」，人世間能讓一個民族萬代子民都感動，正是這類「血書」，可以驚天地，泣神鬼，故王國維又以佛陀、基督比喻後主。這就是我在前面所說「作者的主觀思想」和「作品的客觀藝術效果」，有了深度和廣度，就能滲透到每個人的心中。

但我說可滲透、感染每一個人，也多到一些限制，畢竟地球上民族、種族很多，每個族群各有不同文化背景，不同文化背景的人要有「共同語言」幾乎不可能，此絕非英文好就辦得到。到美國唐人街找一個懂中文的華人讀〈虞美人〉，再找個不懂中文的華人讀英譯〈虞美人〉，他們的感動有何不同？

所以，廿一世紀崛起的中國，不僅兩岸三地的中國人，包括全世界中國人，須要有更多的共同處和共同語言，尤其要有共同的神祇，關聖帝君、媽祖、李杜、李後主……建構屬於一家人的「中國夢」。

第七章　也找王學忠詩歌來醫人魂救國魂

—看 44 家怎麼說！

當我從中國歷史上，尋找可以醫人魂、救國魂，可以用他的文學作品喚醒民族靈魂的詩人、作家，我請出了屈原、李白、杜甫、陶淵明、李後主，民國的魯迅。但我左想右想，欠缺一個「活人」，須要一個活生生的作家，和廿一世紀初的兩岸乃至海內外中國人，活在同一時代經歷同樣時代脈動的詩人。

我概略檢視兩岸三地我所知道的作家，現在仍在的，以王學忠詩歌較有醫人魂、救國魂、喚醒民族魂的普遍性作用（只是我個人看法）。但我不知道兩岸眾多詩人作家、專家學者怎麼說！本文主要介紹各家怎樣看待王學忠！而減少我自己的看法。

在大陸已火紅二十多年的「平民詩人王學忠」。我已全面讀完他在二〇一二年以前出版的全部詩集，包含《未穿衣裳的年華》、《善待生命》、《流韻的土地》、《挑戰命運》、《雄性石》、《太陽不會流淚》、《地火》等。不僅全面讀，八成以上精讀並做筆記，出版了《中國當代平民詩人王學忠》（台北：文史哲出版社，二〇一二年四月），該書是我對王學忠較完整的印象。

基本上，我認爲王學忠詩歌俱備了本書主題的條件，只是有多少普遍性卻把握不住。到底「王學忠現象」是一時的局部的？或是恆久的全面的？要有各家看法。本文根據《底層書寫與時代記錄：王學忠詩歌研究論集》一書整理，由吳投文、晏杰雄和江腊生主編，二〇一三年元月由北京線裝書局出版。希望經由這樣的整理，找到「最大公約數」，取得較普遍性的看法，而非我一人之言。本文引王學忠詩歌，均只引詩題，不引內容，爲節約篇幅且趣者可自行再參閱王學忠的每一本詩集。

1. 段寶林（北京大學教授、中國民間文學專家）

段教授這篇〈新時期詩壇啓明星：初論大詩人王學忠〉，長達數萬字。從王詩的詩情美感深論之，剖述王詩爲何偉大？但我總的來看，還是犯了毛澤東時代評魯迅的毛病（毛後持續數十年），企圖把王學忠拉向馬列主義、社會主義，成爲共產黨代言人，期許王要「對整個無產階級的歷史與現實作更多研究與反映」（59頁）。這會降低王詩的格調，縮短王詩的歷史生命，讓王學忠只屬於共產黨，而不屬於人民，很可惜！

倒是「王詩爲何偉大」重要，他引錢志富教授說：「王學忠以他不屈的詩，不屈的詩魂，給中國詩壇刮起了一股不小的旋風，他的出現的確是個奇迹，而且是個感天地、泣鬼神的奇迹……王學忠是不朽的，他的詩也是不朽的。」又引老詩人劉章評論說：「我被他用血寫的真情詩深深地打動，強烈地共鳴。」王詩歌創新的偉大，是古今中外獨一無二的。

2. 吳投文（文學博士、湖南科大人文學院中文系教授）

吳教授以「王學忠詩歌創作與左翼文學的精神聯系」，已有將王詩「等同」左翼文學的企圖，但左翼文學自廿世紀二〇年代開始，充滿著共產黨的操作性，說和王詩有精神聯系，很免強的。畢竟，民間文學或平民文學和左翼文學本質不同。

吳教授在文中多處引魯迅之言證明王詩的「左翼性」，如〈我不是軟綿綿的柿子〉、〈覓子〉、〈知了〉等詩。最後他小結說：「王學忠的詩歌所反映出來的正是一個『戰鬪的無產者』的心聲，在中國左翼文學的源流和序列中有其特殊的意義。」這是吳教授對王詩的評價。

3.王莅（清華大學中文系博士、中國現當代文學研究者）

在「底層的抒情與王學忠詩歌的意義」一文，王教授舉出王詩幾首經典，如〈我是一只受傷的狼〉、〈國企媽媽〉、〈輪胎〉、〈啊，我的祖國〉、〈中國民工〉、〈我憤怒〉等，正好也是我很喜歡的。他總結認爲王詩是底層代言，我們需要這樣的詩，它可能不夠精致，可是那種粗獷的美、真淳的美、樸素的美、勞動的美，足以讓我們凝視、諦聽，這是王詩的意義。

王詩對當代中產階級含小資群體的麻木，他們被消費文化左右，失去了主體性，習慣被奴役，而不視之爲奴役，俱有強大的批判力，我認爲王教授不僅看到現代人的「死穴」，也找到「解穴」的辦法，希望王詩真的管用。

4.涂途（本名涂武生、中國作協會員）

涂先生在〈從生活底層踏上精神高地〉，主要針對《地火》詩集的評述，像〈淚，會轉化的〉、〈國際歌〉、〈光拍手不行〉、〈你真的太讓人心寒〉等詩，及對前輩作家詩人的書寫，如紀念董存瑞、賀敬之、雁翼等作品，都高度肯定。涂先生也認爲傳遞王詩這把「聖火」，將會有千千萬萬個王學忠般的工人兄弟姊妹、農民兄弟姐妹、正派的、愛國的兄弟姊妹們，在共同偉大的理想召喚下，團結一致，奮發圖強，唱出我們的時代壯歌。

若是，這不就是本書要找能「醫人魂、救國魂、喚醒民族魂」的現代詩人代表嗎？希望王學忠真行！

5. 賀紹俊（沈陽師大教授、文藝評論家）

賀教授在〈王學忠：當代中國的工人詩人〉一文，指出王詩「貫注著革命時代的精神遺產，而這種精神遺產在相當長時間內被遺棄、被踐踏、被閹割、被惡意消費。〈地火〉……（95頁）王詩是「一種精神的『鈣』，對于患上軟骨病的當代文學來說需要補『鈣』，因此王學忠的詩作具有難得的現實意義和精神價值。」（96頁）

賀教授的根據，應是來自政治學的「中產階級理論」。當社會的中產階級形成，社會（國家）就失去了革命性。基本上，中產階級只是守住財產、保住飯碗的一群利己者，天下蒼生死活或政治敗壞乃「身外之事」。當代文學的主流群都是中產階級，故說當代文學要補充鈣，希望王學忠的詩真能爲當代詩壇補充鈣。

6. 曾思藝（天津師大文學院教授、詩人）

童心、愛心、優美，是曾教授在談王學忠詩歌所指出的王詩三元素，這主要體現在《未穿衣裳的年華》和《流韵的土地》詩集中，如〈迷途的蒲公英〉、〈爸爸媽媽〉、〈小鳥〉、〈梨花鷄〉、〈彈花老人〉等。

曾教授總結王詩，最佳者是用血用淚乃至憤怒在寫詩，直面現實直面艱辛直面醜惡，是真正發自肺腑的真言真語，這就王詩的獨特價值。同時曾教授也指出王詩不足之處，一些作品沒有來得及錘煉、提純，升華到好詩的水平，也有結構安排的問題，若能明確指出更佳。

7. 尹一之（詩人、詩評家，出版小說十餘部）

在評王學忠現象文章裡，尹先生把王詩定位在「草根詩」，有一點和我看法相同。他認爲把王學忠定位在工人階級詩人，甚至要他提高階級自覺，掌握馬克斯列寧主義毛澤東思想，不合王學忠的實際。我認爲這是一個嚴重又嚴肅的問題，假如今天中國還要搞馬列毛，等於把中華文化統統再丟入矛坑裡，用馬列毛詮釋王詩等於「殺」王的文學生命！

尹先生在結論說「我只讀了他的一部份詩，已令我十分感動，令我喜出望外，令我突然明白了：中國詩歌的希望在草根！」（115頁）我相信有這樣的感動，決非王詩是馬列毛，而是如屈原、杜甫等，飽涵著廣大人民群眾的血汗與民心。

8. 姜孟之（詩人、評論家、中國作協會員）

姜先生對王詩的最高評價，在〈讀王學忠的詩及詩評札記〉一文說，「誰心中有人民，人民心中就有誰。文學亦然。文學失寵，詩歌爲最，原因就是詩歌遠離了平民百姓。王學忠的詩，直面平民百姓的生活，引起平民百姓的共鳴，是必然的。」（122頁）再者指出王詩的缺陷，有局限性和題材單一性，但要跳出單一生活圈是很困難的，何況王詩的問題涉及一種社會現象。

姜先生亦有期待，如果真的改變了王學忠單一的生活環境，彌補了詩歌缺陷，河南很可能會再出現一位杜甫或白居易。

9. 陳嬌華（蘇州科院人文院教授、中國當代文學研究者）

這位陳教授一定和我同樣的讀盡王學忠所有出版的詩集，她認爲王詩是「愛與美的生命贊歌」和「悲與憤的時代壯歌」，會引起讀者巨大的情感震撼與共鳴，王詩的出現是歷史的必然。

陳教授也指出王詩的問題，直白且流於情感宣泄，畢竟情感宣泄不等於藝術創造。當年沈從文指陳文壇弊病時說，「寫作時全不能節度自己的牢騷，失敗是很自然的。那麼辦，容易從寫作上得到一種感情排泄的痛快……成功只在自己這一面，作品與讀者對面時，卻失敗了。」（140頁）照陳教授引證，王詩面對讀者是否失敗了？

10. 溫長青（河南安陽師院教授、中國現當代文學研究者）

溫教授在〈一位平民詩人的另類吶喊〉一文，開宗明義說王詩，詩歌遠離了人民，人民自然也就遠離了詩歌，于是詩歌不景氣是必然的。在這樣背景下，讀到平民詩人王學忠的詩，給予人的就絕不僅僅是眼前一亮，而是一種強烈的心靈震撼了。例如〈中國民工〉、〈三輪車夫〉、〈我嫉妒〉、〈有些事情不敢想〉、〈拆遷〉、〈光拍手不行〉、

〈你真的太讓人心寒〉等，也曾震撼筆者心靈，相信凡是肉做的心必也震撼。

溫教授引王學忠的文章小結說，寫詩和建房一樣，想長時間站立，立在人民心上，也需要像樑柱一樣的骨架支撐，這一支撐其任憑風雨變幻依舊昂首聳立的精神骨架，就是詩歌中的鈣。（148頁）王詩因爲有這種鈣，才能在詩歌道路上挺起腰杆，用做人的良知、靈性的詩筆，爲人民代言。

11. 楊獻鋒（河南安陽師院文學院教授、中國現當代文學研究者）

絕大多數評論家把王詩定位在現實主義（或寫實主義），現實主義詩歌始終是中國文學史的主潮，偉大的詩人是和社會、人民站在一起的。楊教授以王詩爲例，在文章中看到中國當代文學重回現實主義寫作的可能性。

中國社會主義因改革開放，正在面臨一場新的變革，詩壇以種種理由拋棄現實主義寫作，打著「藝術至上」的旗號，導至詩歌被社會現實拋棄，被邊緣化。王學忠選擇現實主義爲抗爭方式，成功與否，只有天知道，但他的詩歌風格與戰鬥精神，必然也爲當前詩歌寫作提供新典範。「真實」精神重塑，文壇重回現實主義寫作有了可能性，因爲王詩已引起許多共鳴者。

12. 趙金鍾（湛江師院人文學院教授、作家）

當趙教授讀過〈這座城市很乾淨〉、〈笑〉、〈貓兒蓋屎〉、〈胖子〉、〈戴鎖的鸚鵡〉、〈凳子〉、〈雪中的污物〉、〈浮萍的苦衷〉、〈掃帚〉、〈小雞的命運〉、〈牛〉、〈紅頭蒼蠅〉、〈猪言狗語〉等，那種感覺是痛快淋漓，我亦如是，簡直是「社會哈哈鏡」或「官場現形記」。說王詩有一種社會結構和民族命運的思考，潛存著含淚的憤怒與無奈的幽默，給新詩創作提供了新的寫作路徑。

13. 孔會俠（鄭州師院副教授、中國現當代文學研究者）

在孔教授這篇文章，他透過王學忠批判知識份子，王詩形象檢省了知識份子的奴性表現，這是很深刻的剖析。大家都想成爲知識份子，但其實知識份子更容易被奴性入侵，而變得怯懦、隱忍、苟且，這我相信，若王學忠年青時有銀子讀書，現在當了大學教授，當代中國文壇決不會有「平民詩人王學忠」這塊名牌。

王詩熱血硬骨，憑借其生命內部原始自然表達，爲當代某些文學的空乏無力，爲當代文人的軟骨軟語樹立一座反向標杆。

14. 任美衡（衡陽師院中文系副教授、中國作協會員）

任副教授在論王詩創作及其現象論，從（一）詩爲廣大的弱勢族群而寫、（二）歌人民之情，敘人民之事、（三）在普通勞動者的審美趣味中深化現實主義之道，三個途徑深入剖解王詩。小結王詩保持自己的獨立精神，不追風、不隨波逐流，始終以百姓視野創作屬於人民的詩歌。

任先生也指出王詩的缺陷，少數作品在認識上出現了片面性，受生活環境局限。有些詩歌不夠精煉，對生活的提煉和開掘不完全到位，音韵、節奏等缺乏鮮明的民族特色，在民族化、群眾化、現代化的融合有待加強。

15. 張傳譽（詩人、詩評家）

詩人張傳譽從《地火》詩集進入王學忠的心靈世界，首先他認爲詩歌乃有魂之軀。詩之魂，體現于它的核心屬性——民族性，民族詩歌的特點風格，總是民族文化的文化意識連接一起的，從而形成本民族詩歌之魂。

張先生深入剖解王詩，在現實主義創作中形成以下特點：（一）深入底層，體會弱勢，痴情爲弱勢群體放歌，是王學忠詩歌創作的主要特點；（二）挺立於精神高地，緊扣社會脈搏和時代特點；（三）疾惡如仇，直言不諱，旗幟鮮明地發揮詩歌的抨擊功能，是王學忠詩歌創作的個性；（四）王學忠的詩歌語言，具有我國新詩語言的傳統色彩。

「那麼，從王學忠《地火》中燎原的就是民族詩魂的回歸了。」（190頁）這是張先生對王詩的總結吧！但最後他又略帶一筆，認爲《地火》重現而「鼓」之，是無產階級理想主義的光輝。又使王詩降低格局，成爲一黨一派，而不屬於全民，很可惜！

16. 江腊生（江西九江學院教授、副院長、文學博士）

通過對王詩〈中國民工〉、〈三輪車夫〉、〈城市拉媒工〉、〈一群女工〉……等深入檢視，江教授確認王學忠不僅堅持底層書寫，也堅持底層生活。底層是一個沉重的黑色世界。王學忠詩歌湧動著一股地火奔突的血性和激情，營造出一個與黑色世界抗衡的紅色血性世界。（200頁，筆者知道近幾年來，流行另一個「藍海世界」，但王學忠不會跨入藍海。）他堅持爲社會最底層的人民吶喊，他在喚起讀者對貧富二元日益分化的體制性改革關注和思考的同時，呈現中國現代化進程中不可忽視的二元圖景。

江教授也指出王詩之不足，原生態、情緒的書寫，意味著詩人創作過程未經細嚼和提煉，而是一種照相式的呈現；很多意象來自類似杜甫「朱門酒肉臭、路有凍死骨」的現代轉換，缺乏來自現代生活的靈動與真切。

17.野曼（詩人、詩歌評論家、《華夏詩報》總編輯）

詩人野曼總結王詩的「面向底層」和「底層書寫」，就是爲時代、祖國、人民立命，同愛憎、共悲歡，堅守一個詩人的責任感和使命感，他有宣言、有行動，他的感情傾注于底層，可謂淋漓盡致。但在另一方面，他在藝術上的造詣，審美意識等，有待進一步的提高。

18.屠岸（詩人、翻譯家、中國詩歌學會副會長）

在屠岸的這篇短評，可以是對王詩的總結。王詩在學術（應是藝術，214 頁）上作了探索和追求，對語言進行了提煉。他寫的大都是半格律詩，有時用韵，做到了有音樂性，能悅耳。有些詩在段式結構上用功，作了安排，講究對稱、參差和均齊，富有建築美。

但王詩也有語言不夠精練之病，在藝術上還嫌粗糙。他還有漫長的路要走，更成熟、更優美，更有力的詩句正在等著他。

19. 洪三泰（詩人、國家一級作家、文學院院長）

洪院長應該是和我同樣讀過王學忠出版的全部詩集，他看王詩表現了純潔質樸的獨特氣質，盡顯強悍、堅忍、剛烈的品格。王詩俱有人爲本、自尊自愛、堅忍不拔與自由的精神。

但洪院長認爲詩人的自由精神顯示了批判的力量。（220頁）王詩敢怒敢言，在獨立人格驅動下，發揮了詩人獨立的批判精神，便有思想有靈魂，詩人是時代的歌手也是代言人。我以爲王詩較類似美國殖民時代《黑奴籲天錄》那種作品，若再擴大其普遍性，就有引發「革命運動」的力量。

20. 晏杰雄（湖南科大副教授、武漢大學美學博士後）

王詩已擴充到整個社會弱勢群體，他不是個人孤立的哀怨，而是代表整個底層群體向社會表達基本權利的訴求。詩人瘦弱的身子，他背後站著全體人民，因此他的詩歌有強大的力量，有著鮮明的人民文學傳統和人民美學，這是王詩最大價值和意義。

在語言運用方面，晏教授認爲王詩簡潔而單純、乾淨，顯示詩人深厚的語言功力。

王詩敘事成分較多，他的感覺和思想直接敞開，向世界發言，產生極大的感染力，才有廣大人民群眾和他站在一起。

21. 張曉琴（蘭州城市學院文學院副教授、文學博士）

張教授看重《善待生命》、《挑戰命運》、《雄性石》、《太陽不會流淚》等四部王學忠詩集，並引魯迅之言「真的猛士，敢於直面慘淡的人生，敢於正視淋漓的鮮血。」魯迅的感慨於今仍然警鍾在耳。從詩史意義上看，王在替這一代人言立；從他創作方向看，他的詩越來越關注時代精神的追尋，這是深值堅持、肯定的目標。

關於當代文學「缺鈣」，王詩正爲當代文學「補鈣」，詩無鈣，就缺當代現實的血肉關係，文學淪爲風花雪夜的奴隸。張教授也指出王詩之不足，相當數量篇目流于平庸，浮光掠影式的描寫和反映，這部分多見於早期詩作，還是有其研究價值。

22. 譚五昌（北京師大教授）、張佳惠（山西長治學院教師）

譚、張二君總結王詩，認爲許多充斥口語，寫得過于瑣碎和原生態，缺乏深度與美感。但他的詩歌寫得真實有力，具有豐富的日常生活細節和底層經驗，對當下中國的底層人民生活與生存境遇，做了頗爲及時和鮮活的時代記錄，詩人是非常忠實于自己的底層倫理道德和寫作立場，展現了詩人的真性情。

王詩發出了別一世界的聲音，有獨特的意義和價值。但就詩歌藝術看，寫作的確稍顯粗糙，有值得改進和提高之處。因爲成熟的詩人，倫理的激情和技藝的成熟應同時兼備。

23. 周達斌（湖北襄樊學院教授、中國文學研究者）

揭發腐敗對社會和諧利弊如何？這應是清楚明白的命題，甚至沒有灰色空間可以爭論。周教授所舉王詩如〈我嫉妒〉、〈想起那年的紅軍〉、〈工人兄弟〉、〈誰也不比誰尿得高〉、〈然而，我不屬於下崗工人〉、〈一幫姊妹兄弟〉、〈一名代表太少〉、〈此刻，你是否會想到〉、〈致某詩人〉等，反腐詩歌的重要意義，在于「揭示社會病苦引起療救的注意。」（魯迅語）。

王的反腐詩，都飽含著血淚，心中燃燒憤怒之火，通過藝術形像打動讀者，感染讀者，對讀者產生驚心動魄的藝術效用。周教授說，理論文章動之以理不如詩歌動之以情來得有用，並認爲辦好高稅收和反腐倡廉兩事，何愁社會不和諧。

24.姬學友（安陽師院教授、魯迅與中國文化研究所所長）

姬教授看到當下的漢語，被過度闡釋過度演繹得不堪重負，無論語意還是語序，都已經死在瑣碎、拘泥的語法和修辭上，而變得名詞不名，動詞不動，形容詞失去形容。這或許是姬教授看到的華文詩歌，目前在語言運用上的困境。在這樣不良的詩歌語境中，還有在寂寥的詩國堅持自己理想的詩人嗎？王學忠是其中的一位，嚴肅認真地在寫著認真嚴肅的詩，他從來就以真正的詩人出現。

姬教授普遍檢視王詩發現乃有不足。但是，如魯迅評殷夫時說的，這詩「是對於前驅者愛的大纛，也是對於摧殘者的憎的豐碑，一切所謂圓熟簡練，靜穆幽遠之作，都無須來做比方，因爲這屬于別一世界。」（《魯迅全集》，第四卷，人民文學出版社一九八一年版，第248頁。）以此評王在當下存在的意義也還不過分。

25.雷文學（福建師大文學院副教授、文學博士）

雷教授針對王學忠的小詩人〈沉思集〉評說，具有顛覆傳統意象、審醜和氣骨等特性，如〈鵝卵石〉、〈汽球〉、〈炊煙〉、〈神〉、〈含羞草〉、〈石獅子〉、〈肚子〉、

〈腐敗份子〉等。

王的小詩有自己的精神向度，形成自己的特色。其缺陷在詩歌批判現實過於明確指向，抽象不夠，不能囊括更多社會現象，影響詩歌的精神空間。賦予小詩以「大詩」品格，是包含王學忠在內的中國當代詩人，都要再努力探索的。

26. 王汝海（安陽師院中文系副教授）

王教授研究王詩，認爲《未穿衣裳的年華》是王詩成熟第一個里程碑，《流韵的土地》是第二個，《善待生命》是第三個。而所謂「王學忠詩歌現象」，主要指《挑戰命運》、《雄生石》和《太陽不會流淚》三部詩集，繼承發揚中國優秀詩歌傳統所表現的現實主義精神。這三部詩集將會載入中國文學史，很有可能。

一言蔽之，王詩都在促進社會和諧的催化劑和「主旋律」作品的創作宗旨一致。但不要把王詩和主旋律對立起來，歌頌真善美和批判假醜惡，永遠是詩歌騰飛的兩個翅膀。

27. 劉達燦（重慶巴南教師進修學校高級講師、作家）

劉先生針對《挑戰命運》詩集評說，〈我嫉妒〉、〈我不祈求〉、〈我的企圖〉、

〈想起那年的紅軍〉、〈詩爲陌生的小妹而哭〉、〈致某詩人〉等，很快打開劉先生的視野，王詩充滿正義、正氣、豪氣的吶喊！他在攀登的吶喊中，實現了當今許多詩人做不到的自我挑戰。王學忠爲詩而生，爲詩而命，這是他存在的價值和意義。

真誠希望，中國詩壇要多幾個「王學忠」，爲詩爲文都能清白正直，俯仰無愧。無愧於天理良心，無愧於天下讀者。我也認爲，我寫本書目的就是要找能「醫人魂、救國、喚醒中華民雄英魂」的作家，若能多幾個「王學忠」，則吾國吾族真是有救了！

28. 馮建章（海南三亞大學教授、文學博士）

王詩因其獨特的生命體驗、天縱詩才。學忠詩道自古詩道展延而來，他是孔孟的嫡系子孫，是一個敢于把詩歌當做武器入世的人，是一個追求不巧的人。馮教授說的太真實了，王以詩爲武器，我則以文章爲武器，詩文一家，我和王學忠才有心靈交通。

王詩是對自身道體的皈依，建構和諧社會的努力。但時代在快速轉變，屬于他的語詞和命題都在慢慢成爲非主流，學忠到底要不斷復述自己的話語，還是建構全新自我，涅槃爲一個全新的詩人，這是學忠詩歌的「生死抉擇」。

29. 馬忠（青年詩人、評論家）

馬忠除了讀王詩的底層意識和人文關懷，也和其他「打工文學」比較研究。我小結馬忠的看法，他引諾貝爾文學獎得主莫言倡導，「作爲老百姓寫作」，只有背向文壇，面對蒼生，他才有可能使自己的感受與老百姓、社會合拍，才有可能創作出反映民生疾苦，經得起歷史、時間和讀者考驗的作品。

縱觀王詩正是朝這方向前進，自覺地以平民身份來進行創作，在詩歌中傳達普遍的底層意識，「老百姓講老百姓自己的事兒」，使王詩真實反映人民生活的「真相」，有產生一種震撼人心的力量。

30. 王學東（西華大學人文學院副教授、文學博士）

王教授只針對《挑戰命運》評說，〈請給我一些同情〉、〈三輪車夫〉、〈勞動者〉、〈命運〉、〈詩爲陌生的小妹而哭〉、〈凳子〉、〈浮萍的苦衷〉……幾乎書中每首詩，都讓王教授感動。認爲這一無依無靠、失卻皈依和沒有價値的時代精神狀況鋪寫，讓底層詩歌爲我們灌注更強烈的文化意識。

〈狂人日記〉擬似魯迅同名之作，其中綻放出來自我對于時代的獨特呼喊和聲音，這是對人性的關懷。但王教授認爲救贖一個時代，詩歌並非最終解決之道，而我所知道的實例，文學或許不是革命的主力，卻是不能忽視的力量。

31. 李仲凡（陝西理工學院副教授、文學博士）

王詩的第一個不尋常，體現在他學詩和寫詩的經歷上；第二體現他後來的社會身份和現實生活的困境。讀王詩經常可以得到一次次心靈純淨，精神升華的感動和體驗。但詩歌的力量何在?李教授引魯迅的懷疑，一九二七年四月魯迅在黃埔軍校演講說：「一首詩嚇不走孫傳芳，一砲就把孫傳芳轟走了。」王詩給我們更多思考。

李教授也指出王詩直露、不夠成熟等缺失，這都只是一部分作品的瑕疵。總結王詩，王學忠或許不是這個時代最偉大的詩人，他的存在，使得偉大詩人出現的可能，他扮演的是偉大詩人土壤的角色。

32. 孫德喜（揚州大學文學院教授、文學博士）

孫教授這篇〈底層文學的成就、局限和出路〉，從標題已知王詩「問題」所在，即是「底層」，「出路」定然不樂觀；但也引舉魯迅的作品《阿Q正傳》、《祝福》、《孔乙己》、《風波》等，也都是大有影響力的底層文學作品。王詩雖盡力避免底層文學的缺陷，還要再提升，這是底層文學今後要擺脫的困境和低落的出路。

孫教授小結王詩，底層作品還是比較粗糙，文化底蘊顯得不足，思想深度還有待提高。雖不以精英要求他們，也不能因身份特殊而忽略問題。底層文學要在廿一世紀文學史展現光彩，須冲破創作瓶頸。

33. 靳曉華（湖北大學文學院碩士、現當代中國文學研究者）

靳先生通過《挑戰命運》評說，把王學忠的底層創作和中國詩歌的現實主義傳統接軌，同時也和蔡元培、胡適、沈伊默、劉半農，乃至一九四九後的田間、郭小川等平民作品銜接。而王詩用血寫，用毫不掩飾的一腔真情寫，含著血淚忍著痛苦，書寫現實主義詩章，更顯嚴峻的真實性。我們這個時代需要王學忠這樣的詩人。

靳先生也指出王詩的過於直白宣泄，大大降低詩歌的美學效果。有些境界略顯不足，結構粗疏，張力不足；在內容豐富上也有欠缺。總之，要開放、放寬眼界、拓展題材，字句錘煉和境界提升要下工夫。

34. 高博涵（天津師大研究生、中國現當代文學研究者）

我判斷高先生已讀王學忠絕大多數作品，他才能說出較具普遍性的話語。他總觀王詩，一旦轉入現實主義場景刻畫，面對不合理社會現象時，王詩易流於義氣高呼和口號吶喊，會抑制詩歌美感的延宕。詩歌要在藝術上追求一定的高度，作品才能更廣流傳。

王詩確實是武器，抨擊社會不合理現象，爲下層平民而歌，可以爲詩壇、文壇帶來一股矯正之風。高先生指出中國文壇隨政治起落而左右來回「反攻」，是非常態的文學現象，文學是自由的。這點我很認同，文學就是文學，不能隨政治起舞，更不能成附庸，成奴隸就更可悲了。王詩的「高價值」之一，是他不隨政治起舞，而是批判性的，批判性格是文人存在的最高價值。

35. 李石光（湖面科大現當代文學研究生）

李先生從《地火》進入王學忠的詩歌生命，在這火裡發現抒情主體的慣常性肢體話語——嘶喊，詩句如嘶喊話語從嘴裡湧出，極富動感，飽蘊氣勢，暢快淋漓，爽人心脾。他的筆下，連靜物也充滿感動。王詩之受歡迎，和他採取的抒情策略有關。在一定程度上，放棄符號的修辭策略，轉而通過尋常的「身體話語」給詩歌濃郁的生命律動，使接收者身心受益。

36. 吳霞（江西九江學院講師、中國現當代文學研究）

王詩讓吳霞想起現在漢語詩壇，一方面詩歌愛好者抱怨詩歌是否消失了？另方面是「寫詩的比讀詩的多」。但平心看，讓寫詩讀詩成爲詩人「圈子內」事，也許是合理的，詩受到公眾話語的冷落，對詩歌寫作本身是好的，讓文學回歸文學本位，從這個視角看王詩，王學忠是可敬的，那首〈刺玫〉讓吳霞印象深刻。

在這喧囂又空虛的年代，王詩如刺玫默默開放，是有尊嚴的。在微笑裡含著莊嚴，堅強、沈默、美麗的刺玫，不正是王學忠的詩人形像嗎？

37. 戴雪花（湖南城建職業學院講師、現當代中國文學研究）

戴先生應也看過多數王學忠作品，認爲他承續「五四」以來先驅作家開創的現實主義傳統。有的作家以爲底層很難完成自我表達，必須通過知識份子論述，王詩不僅充份表達，且有自己的尊嚴和思想。

王詩在當前詩壇上是一個獨特的存在，表現一種可貴的詩歌素質和詩人的使命意識。他的底層生活和民間立場的詩歌表現出強烈的批判性，讓他成了詩壇上一個戰士，一個為底層人民吶喊的戰士。

38. 史崢（西南大學新詩所碩士生、現在河南許昌縣政府工作）

史先生從感悟與同情、揭露與批判、信念與希望、別樣的童真童趣、底層性等進入王詩世界。他有悲天憫人的人文情懷，詩人使命培養他成為一名戰士，揭露黑暗，抨擊醜態，為弱勢伸張正義，他受到威脅，但依然堅持。作為底層文學創作的一員，王詩「文章合為時而著，詩歌合為事而作」，繼承中國詩歌現實主義的傳統，用「緣事而發」的創作方法為底層人民喊出共同心聲。

王詩的缺陷是題材的單一性，「凡底層必苦難」的悲劇模式，表示王學忠尚未走出下崗的陰影，沒有跳出來站在很客觀理性的角度重新關照周圍。此外，含蓄性、穿透力、外節奏的音樂性、音韵的跳躍力度等仍顯不足。

39. 林于弘（台北教育大學教授、台灣師大國文所博士）

林教授從「詠物詩的特色與表現技巧」理解王詩，他舉〈蝙蝠〉、〈爛梨〉、〈紅頭蒼蠅〉、〈牛〉、〈知了〉、〈傘〉、〈輪胎〉、〈繩子〉、〈籠〉等詩作說明。顯見其對社會批判和人生無法改變的無奈呈現。

他的詠物詩質樸自然，段落簡潔，組織有序。總結王詩有四大特色：（一）造語平物，結構輕巧；（二）意象明確，諷刺性強；（三）根植命定，展葉突破；（四）寫實社會，氣節再現。其以寫實主義手法奮力刻畫、誠懇表達詩人自學成才的努力，是爲此類書寫成就的最佳典範。

40. 雪飛（詩人、台灣三月詩會會員）

和我同是台灣三月詩會會員的詩人雪飛，從《王學忠詩歌鑒賞》一書，進入理解王詩認爲有三大特色。其一詩語言是真的人民的語言，有什麼說什麼！完全的真情性。再者發自內心的善，闡揚善讓人溫暖，這是人生重要價值。三者表現詩藝術的美，唯有美感才能動人，草根詩也不例外。以往談詩似只強調意境和意象，讀王詩我們看到尚有情趣也是詩的重要內涵。

41.居伊克雷基（法國詩人、哲學家）

這位法國詩人從《王學忠詩稿》理解王詩，就王詩的形式和內容略述。他是人民詩人，始終緊貼生活，緊貼人民的情感，訴說著人民的疾苦，他使用人人能懂的大眾語言。他把詩才奉獻給人民，而人民生活的艱辛深深觸動他的心，他是千家萬戶的詩人。

聖約翰珀斯談到詩歌說，新奇是一種享受，習慣是一種潛敵。學忠身處困境，推進著詩歌事業，倡導著詩人內心的自由。

42.艾斯（本名王斌、新西蘭華文詩人作家、大學教授）

艾斯讀了王詩受到強烈震撼，這種震撼是一種希望，讓他堅信「我的祖國終會改善」，只有底層得到改善，祖國才會充滿希望。王詩的用語或許不很講究，技巧不時髦，但平實樸素正是他成功之處。

王詩的出現增強了艾斯的信心，其選材獨特，在藝術上是成功的。若要吹毛求疵，大概是詩歌精煉上須要加強。

43. 道格諾柏格（美國工會工作者、社會活動家）

這位美國朋友是開火車的，他喜歡詩，有朋友借給他一本王學忠的詩，他讀了〈等待拆遷〉、〈輪胎〉、〈不要以爲〉、〈群眾的呼聲〉、〈啊，我的祖國〉等詩作，他深深受到感動。

他的短文小結王詩，一是不無病呻吟，二不自我矮化，三不悲悲戚戚。他不就此沉默屈從，低迷沉思，他的詩有抗爭精神，且前後統一。他表達了對那些悔恨而不抗爭的人的不解，這些人面對不公和不仁如何無動于衷？

44. 弗里茨霍夫曼（德國埃森納赫歐佩爾通用汽車廠務委員）

這位德國愛詩人，讀的是王學忠詩歌的英譯本，他感動之餘，把一首王學忠的〈呼喚鐵人〉德譯和友人分享。他認爲王詩有五大與眾不同的特色：（一）王詩表達工人階級和受剝削大眾的高度意識，（二）形式多樣，風格各異，（三）相信人民，對人民感情深厚，（四）掀起讀者思維模式上的一場鬥爭，（五）激情充沛。

作爲詩人，王學忠讓我們放下所有的害怕和屈辱，我回我們的自信和我們的階級意識。

本文我大費週章的從《底層書寫與時代紀錄：王學忠詩歌研究論集》一書，整理歸納略說了44家各界對王詩的評說，主要是呼應本書核心思想，找尋能「醫人魂、救國魂、喚醒中華民族英魂」的詩人、作家。惟此非我一人說了算數，王學忠不像本書李杜魯迅各家，已經受到歷史的篩選。歸納各家之用意，是要找到「最大公約數」，取得較客觀、普遍的王詩評論，不論好壞優缺，本文都略爲轉記。

縱有44家評論，相信也仍未得到最後的「最大公約數」，而普遍性也仍不足，至少我是一個開始。我期待，王學忠的存在，真能在崛起的吾國，兩岸統一之前夕，以其詩歌「醫人魂、救國魂、喚醒民族英魂」！

第八章 中國新詩的精神重建

——當代中國新詩的現狀與發展走向反思

關鍵詞：中國新詩、精神重建、華文新詩、台灣新詩、詩體重建、詩體形式、中國新詩戰略觀

摘　要：

一、前言：從詩歌的民族性說起。

二、現狀觀察與理解（目前的精神狀態）：質量與輝煌的迷思、山頭林立或自由競爭、低級審醜或大眾流行、朦朧晦澀和曖昧、評論制度處於原始狀態和戰國時代、政治和文學誰綁住了誰？

三、路：中國新詩的本質和我的新詩戰略觀（思想精神）：中國新詩的本質：詩、詩人、中國詩人和中國新詩的本質。我的中國新詩戰略觀：春秋大義、中華文

化、傳統詩學與「健康、明朗、中國、開放」。

四、中國新詩的二次革命、詩體形式重建與精神重建：概念質疑、詩體形式與社會發展、二次革命內涵、精神重建領域、形式內容與民族命運。

五、結論：未來努力方向

壹、前 言

前面各章我從吾國歷史請出的五位詩人，若按現代二分法，他們都是搞傳統詩詞的。而唯一的活人王學忠是搞現代詩的，自從五四以後，新詩〈現代詩〉成爲詩壇主流，本章專談新詩。

中國新詩發展至今尚不足百年（從一九一七年二月胡適發表「白話詩八首」開始），在中國文學長河中，還算極短暫，故有學者認爲新詩的成長發展尚在轉型期。（註一）言下之意，我國新詩尚未成熟，這近百年來，走過「橫的移植」或「縱的承接」，乃至晦澀朦朧、健康明朗或各種主義論戰，甚至詩人與政客同步，用詩來分裂民族。

我從高中開始塗鴨新詩，停停走走也四十年了，也還反省著「自己到底寫些甚麼？」

但對新詩發展走向，我始終關心，因爲「文學是全民族的共同夢境」。

早在二十多年前，一九八七年四月九日，我心中「也是民族文學的良心」吳明興先生，致函「民族文學的良心」高準先生，信中提到：

且看看那些所謂的前輩（？）吧！十之七、八不懂甚麼是中國傳統詩學，亦即不知他們所企欲摒棄的對象究竟是甚麼樣的一個東西，便把那個東西樹立起來做為敵人……這也就是從白話詩到新詩到現代詩之所以百病叢生的原因……在現代詩壇中，能如您這樣……老實講，在年輕人中，幾已泯滅殆盡。（註二）

若然，現代中國人（含海外華人），用中國方塊字寫出來的新詩，是否已喪失了民族性？還有多少可以叫「中國新詩」（或華文新詩），更多的是否已成爲「東洋詩」或「西洋詩」，或只能叫「台灣新詩」（否認叫中國新詩），或根本甚麼都不是了！許多問題在心中回蕩……如何期待新詩人可以醫人魂、救國魂？

二〇〇八年秋，我讀青年詩人馬忠先生（生於四川，現廣東作協會員）著作，「文本與言說」（北京：大眾文藝出版社，二〇〇八年九月），其中一篇文章「也說詩歌的中國性」，頗讓人感傷：

何謂詩歌的「中國性」？

近日，看了郜元寶的「離開詩」，文中說，「今天，無論是寫詩的還是讀詩的……都是失去傳統的無家可歸——同樣的虛驕傲慢與驚惶失措。」孫文波在「中國詩歌的中國性」這樣說：「在承認全球文化交融造成了中國性喪失的前提下，尤其是詩人的寫作者幾乎沒有中國性可言。（註三）

該文只承認有些「僞中國性」的東西，即是「僞中國性」，當然也算失去了中國性。更慘的，孫文波還認爲，國內的詩人，反而不如身在海外的詩人更懂得「中國性」爲何物？這是否表示「華文新詩」比「中國新詩」更具有民族性？馬忠在該文最後認爲，「我們完全有理由說，中國新詩大有希望！」原因是他也接受海德格爾觀點，世界的黑夜降臨了，詩歌的還鄉成爲我們「靈魂中最迫切的渴望」。這種「物極必反」的論述，我以爲太「寬鬆」，太不精確。

當問題像一艘無方向定位的船，在腦海中漂流。中國重慶西南大學中國新詩研究所舉辦「第三屆華文詩學名家國際論壇」，中國詩歌藝術學會理事長林靜助先生和葡萄園詩社主編台客先生，盛情邀我參加，並針對心中的問題提一篇論文。（私人的理由是我這生長在台灣的四川人，快到耳順之年，卻未曾到過四川。）

我乘此良機提報本論文，對於新詩近百年的發展史，不再追述（類似作品頗多），僅從現狀觀察理解、解讀、分析，試圖找到中國新詩未來發展走向，以供中國新詩精神重建的參考。

貳、現狀觀察與理解

中國新詩已在海內外呈現百花怒放的狀態，針對現狀稍加觀察、整理，可從六個切面進行初淺之理解。

一、質量與輝煌的迷思（Myth）

就「量」而言，中國當代新詩與詩人之總量恐已超越漢唐盛世。文曉村先生在「五十年來台灣詩風的演變」評文提到，有人估計，台灣每年發表的新詩至少有四千首，五十年應該有二十萬首之多。（註四）古繼堂（中國社科院副研究員）在他的著作中也說，台灣兩千餘萬同胞中，寫詩的就有上萬人，出版過詩集、比較著名的詩人達數百人。從詩的密度和比例來看，恐怕要數全國之冠。（註五）而單就葡萄園詩社一家，據發行人賴益成於一九九七年出版的「葡萄園目錄」一書記載，三十五年中，葡刊共刊出兩岸三地及海外近二千位作者的詩作或理論。（註六）大陸方面如何呢？古遠清在「台灣當代新詩小史」，宣稱有五百萬寫詩人口。（註七）是故，海峽兩岸的中國新詩人，已然形成一支龐大的百萬隊伍，兩岸詩刊詩報社將近五百家（不含舊體詩詞）。就量而言，能不說這是中國新詩的輝煌時代嗎？

「質」的觀察不易，本文不去深入研究。但以古繼堂的研究做說明，由於台灣詩人和外界的接觸和交流比大陸詩人與外界的接觸和交流頻繁和密切，因而在世界詩評獎中獲獎的及被選入國際性選集的詩人和作品，台灣比大陸的數量要多。（註八）古遠清也說，像余光中這類大家，大陸詩壇還找不到相應的對手。（註九）這「兩古」論證，是否可以看成台灣新詩的「質」較大陸爲佳，尚待公評。

勿論如何！當代中國新詩〈含海外華文新詩〉和詩人的「量」，應是一支「百萬詩人軍團」的規模，甚至上看可以和全國武裝部隊總兵力相等，多麼壯闊、偉大的一支「詩隊伍」，所產生的文化力量幾可無限。

每思及此，就要心花怒放，但讀吳明興致函高準的信和馬忠的評文，那「心花」又要在心海中垂滅；再被向陽一棍「打死心花」，向陽說：「台灣中國新詩的精神重建的現代詩壇在解嚴後其實已進入消頹甚至「死亡」的邊緣。」（註一〇）若然。這麼多新詩作品是不是一塊塊沒有靈魂的「行屍」？龐大詩人群是不是一個個沒有思想、沒有民族性的「走肉」？

二、山頭林立或自由競爭

當代中國新詩場域，台灣詩社林立，各有山頭；大陸則有派別之分。據詩人吳明興觀察，台灣的現代詩壇只有「社」而沒有足以稱學的「派」之出現。（註一一）這種分派立社，本是人類社會（其他生物亦然）的本性，但台灣詩壇有較多的負面形象（涉及統獨意識形態及其他理念之爭），因而不同詩社存有排斥，甚至歧視。「有感覺」的人都知道，勿須指名道姓，對於詩壇的山頭林立，我有兩種評價。

第一種是正面的。有如一座自然花林的自然競爭，百花開放，各展艷麗；百鳥爭鳴，各放妙歌。二〇〇九年春，我到高雄參加詩人聚會，並提報一篇論文，「偶然又見『掌門』：因緣漫讀三個掌門詩人：鍾順文、謝佳樺和子青」，這篇論文我如此結尾。

壯哉！掌門儼然當代詩壇一座大山。論者每謂台灣詩壇山頭林立，弦外有負面之意，但古今中外那裡不是山頭林立？學界詩壇政商均如是，國際叢林更是。放眼千萬年來進化舞台生命風景，真是「山頭林立、頭頭是道」。讓文壇各山頭各展風光，各領風騷，揮灑生命與文壇的多樣美麗。（註一二）

第二種是負面的。詩社之間的相互排斥，甚至歧視或打壓，我認爲是很嚴重的，若涉及統獨之爭更是不堪，寫詩成爲鬥爭，詩人成爲嚴手（後述）。詩人麥穗（台灣）在「爲詩壇存留另一個面貌」的序言之說：

> 眾所周知，台灣詩界一向是門戶極深的，有些族群一直緊閉著大門，在門內自我吹捧，不願也不想與門外的詩群有所互動，門外人也很難「破門」，因此往往對讀者們產生誤導（尤其是域外），以為台灣詩壇只有那麼些人，或那麼些事。（註一三）

台灣詩壇這種門戶間的排斥現象，也表現在每年或每幾年編的詩選集，不論以「台灣」或「中國」頭銜，或只用「年度」稱謂，都只是相同理念那群詩人的作品，欠缺「全台灣」、「全中國」或「全年度」的普遍代表性。對於台灣詩界、詩社這種「門戶森嚴」所產生的負作用，我認爲是很難改善的，如同台灣四百年來的政壇統獨之爭，是一種宿命。因而，有一群人組成「三月詩會」，他們標榜不算團體的團體，沒有組織的組織，沒有目的卻目的明確，沒有目標卻目標顯明，且目的、目標永遠不變。（註一四）期待「三月詩會」詩人們，跳脫門戶的框框架架，展現詩國的開放與美麗風景。

在大陸丁力（八十年代「詩探索」副主編）把詩壇分三派，傳統詩詞派、西洋風派和中國風派。但中國詩壇何其廣闊！三派論述不夠精確，至少表示，不像台灣「分離主義」太盛行，形成一批「無根」的詩人。

台灣新詩社間，爲何壁壘森嚴？就算少有的交流，也像架起的一座「壇坫」，我想起吳明興致高準函中一句話，「而是在因無知所派生的誤解及其所併發的誤導，和由此而造成對向前拓展的新可能所做的扼嚴的小器心態。」（註一五）準確性多少？待更多更深之論證。

三、低級審醜或大衆流行

新詩發展至今達到怎樣的「普遍化」，如同民主政治，各人一票，每票等值。熊輝（四川山城之北）給紫楓（台灣葡萄園）的信提到，曾幾何時，新詩在形式上陷入了極端的自由和無序狀態，新詩創作沒有任何形式約束，任何人無論文化修養高低都可以寫詩，這是對新詩及其形式的嚴重「誤讀」（註一六）言下之意，任何阿狗阿貓只要把文詞分行排開就叫新詩。還有更慘的，陳仲義（廈門）觀察，新世紀以來，網路民間詩界開始向大量相反的維度——「崇低」與「祛魅」轉移：褻瀆權威，顛覆正統話語、玩世、還俗、審醜，有意造成「讓你不舒服」的閱讀效果。堅持「賤民」立場……（註一七）

爲甚麼詩歌的普遍流行，變成了普遍低級。有太多的詩人不再是在以一種虔誠姿態寫詩，審美內涵日趨墮落，出現與高尚純潔相背的「下半身寫作」，詩歌中沒有了「人」，更絕少有「中國人」，把人降級爲母狗和公羊的低級行爲。（註一八）還有更低級，筆者不忍再舉例。

現在詩的普遍流行，可能已經成了不可逆之勢，流行是否必然產生低俗？或顛覆傳統真善美內涵？成爲普羅大眾的消費品，如衛生紙，即用即丟！豈不早給「紅樓夢」那薛寶釵說中了，她說：「詩從胡說來。」且更扯、更離譜。

四、朦朧、晦澀和曖昧，都看不懂

新詩的「朦朧、晦澀、西化」和「健康、明朗、中國」曾有一段論戰的歷史，本文不再贅述。但那是否已是過去式？先不談「中國」，是不是目前現代詩都很「健康、明朗」？把現狀「挖」出來，好像也還很「嚴重」，寫詩的人比看詩的人多，反正大家都看不懂（可能作者也不懂自己寫甚麼）。結果是出版的詩集在市場上被判了「死刑」。台客（台灣葡萄園詩刊主編）他的著作「詩海微瀾」提到，他閱讀幾篇聯合報副刊的文學獎徵文，新詩方面都是負面的，都讓人看不懂，作品和作家成了「曲高和寡」的代言。那些得獎作品連詩齡數十年的老詩人也看不懂，何況一般讀者！（註一九）

大陸又如何呢？重慶的忘年詩友尹克軒提筆上陣，批判當前中國新詩，寫的盡是人人看不懂的東西。尤其是公辦詩刊和文學期刊，看不懂的謎語已成一統，他說的看不懂不是一般人看不懂，連搞了幾十年詩歌創作的詩人看不懂，教授、學者也都看不懂。似乎「朦朧晦澀的鬼魂」重返新詩舞台，且霸佔了全部舞台，且是人民「養」出來的：

> 他們這種玩弄文字，故弄玄虛的做作，把詩寫的晦澀費解叫人看不懂，在大陸已

佔據了大多數省市的公辦文學期刊和不少報紙副刊。都說是怪現象：他們拿著納稅人的錢，寫出的詩叫納稅人看不懂……長此下去，新詩必因讀者盡失而形同消亡……（註二〇）

尹克軒在文章中要詩人向巴金老學習，爲何？巴金把心交給讀者，心存讀者，就能寫出讓讀者懂的詩，這種精神活像白居易。事實上，李白、杜甫也不喜歡把詩寫得朦朧晦澀，他們希望當代人懂，千百年後的人仍懂他們的詩。對於台灣新詩界呢？古遠清在「台灣當代新詩小史」最後用「一片晦暗」形容，並說前途嚴憂，廿一世紀的台灣詩壇更不可能舖滿陽光，而只是陰霾與霽色交替出現。（註二一）吾人以爲，這言之過早，目前尚在「洗牌」。

丁力主張有我們民族風格的新詩，要清新、剛健、樸素、自然、豪放、婉約、雄渾、悲壯、飄逸、曠達、含蓄等都好，就是不能晦澀。「晦澀是文學也是詩的癌症」（註二二）晦澀、看不懂也是一種曖昧關係，白靈（台北科技大學教授）和張默（創世紀詩雜誌總編），主編「八十八年詩選」，白靈在書前「曖昧的年代」，有一段話很曖昧！

詩人則必然是經由語言的表達。其面貌必然是追求超脫日常語言和科學語言、擺脫「說清楚、講明白」的特性——因為只有一種可能；反而進入一種可說又不可說、「說不清楚，卻反而說的更清楚」、「說不明白，卻反而說的更明白」的「曖昧境界」。（註二三）

白靈爲甚麼認爲曖昧可以成爲「境界」，當然和人生觀與詩觀有關，該文他結尾說，生命本身並無一個「可確定化」的頂點，物種如此、基因如此、科學如此、藝術如此、語言如此、而詩亦然。

不論朦朧、晦澀或曖昧，新詩總要叫讀者看懂，詩人寫詩不是要讓人看嗎？否則幹嘛寫了又要出版，難不成只寫給自己看？

五、評論制度處於原始狀態和戰國時代

我國文學評論古來不發達，但總不能亂。在我心中寫評論算很能把握到「公正、客觀、仁厚」平衡點的文曉村先生，在「雪白梅香費評章」自序中說：「回顧台灣五十多年來的新詩發展，非常遺憾地，我們常常發現，有些唯我獨尊的批評家，總是喜歡將一己之見，強加於人，企圖車同軌，書同文，一統天下，稱王稱霸。」（註二四）我想「唯我

獨尊」已不能稱批評家了，而只能稱「孤家」或「寡人」吧！事實上，「台灣即無批評的環境，也缺乏有識見有擔當的批評家。」（註二五）更談不上批評制度了。瘂更（台灣）在「八十一年詩選」卷前一段話：

把文壇一年內的創作活動做一番回顧，整理、評鑑，選出優良作品出版年度選集，可以說是一項功德，這不但可以藉此保存文學的編年史料，也為文壇建立另一種批評制度，對於詮釋作品、匡正文風，均有莫大助益。（註二六）

瘂弦所言極是，編年度詩選確實也是另一種批評制度，入選作品大多是我敬佩的名家，只是仍陷於「山頭主頭」框架中。稱同仁詩選較適合。

大陸的詩歌批評是否較有制度？我原以爲是，但看些文本後覺得問題仍大。如馬知遙（山東藝術學院教授）說的，「當代中國的詩歌，詩人好當，批評難搞……看到的詩歌評論要麼晦澀難懂，要麻大而無當。」（註二七）更普遍觀察，中國當代詩歌批評呈現出的是相當蕪雜的狀態，每個人發言的立場、角度、方法，都不一樣，很難有甚麼評判的標準。（註二八）馬忠更提到詩歌批評的三痛：誤解、褻瀆和質疑，簡言之，我國現在新詩評論尚未有多數共職的批評制度，而處於戰國時代。

六、政治和文學，誰綁住了誰？

中國新詩發展這近半個世紀來，還有一項被文壇、詩壇乃至各界詬病，便是詩人受政治力影響太深、太廣、太多，是共認的事實。大陸詩人從「工農兵」文學觀批判台灣當年的「反共文學」；台灣詩人起而應戰，當然也不干示干。其實兩岸是「干干鼈無尾」，從近年來古繼堂著「台灣新詩發展史」和古遠清「台灣當代新詩小史」在台灣發行，引起的筆戰皆如是。中國歷代的史，都是當代政權結束後，後面的朝代爲前代修史，才能客觀，所以台灣新詩史待五十年後（如一個時代結束或兩岸統一），那時的史家寫出來，才能從政治力中脫困。

但並非詩人作品和國家、社會有關，就叫「政治詩」「口號詩」或說受政治污染，李白、杜甫、文天祥、岳飛等有很多詩作，深刻關心國家民族，爲廣大人民群眾說話，那是千古不朽的作品。所以，吾人以爲，詩人被政治綁住，違背詩人的本質（後述）而爲政治服務，是詩人的墮落；反之，詩人能綁住政治，或不爲所動，忠誠守住詩人的本質，是詩人的風骨。「民族文學的良心」詩人高準先生把這件事講的最清楚，而有標準。

除了美學標準，有沒有政治標準呢？若說有人可以完全撇開一切的政治標準，那時騙人的空話。我一向主張突破一些無謂的禁忌的，但自然也有我的大原則——那就是謹守人道主義、愛國主義、與民主主義的方向，那也就是本書選錄作品的政治標準。（註二九）

這是高準編「中國大陸新詩評析」的政治標準（含美學標準），可以說合這些標準是詩人的風骨；反之，高準的論述是，凡助長專制獨裁的、助長對當權人物的個人崇拜的、破壞民族和諧的等之類，我想就是詩人的墮落了。我很同意高準這樣的文學觀。可以再舉兩個實例，觀模何謂詩人之墮落與詩人之風骨。艾青（本名蔣海澄，浙江金華人）文革時被打成「右派」，受盡苦難，被整到牛欄中一眼失明，他仍不爲所動，「礁石」一詩成爲罪狀：

一個浪，一個浪，／無休止地撲過來，／每一個浪都在它腳下，／被打成碎末、散開……

它的臉上和身上／像刀沫過的一樣／但它依然站在那裡／含著微笑，看著海洋……（註三〇）

這是詩人的風骨、氣節，把詩人的真性情表現於其作品，如當代詩壇的文天祥。王學忠的詩也有這樣氣勢，這才是能醫人魂、救國魂，喚醒民族魂的作品。另舉一詩人之墮落。

不久前台灣地區被一群篡竊者主掌政局，陳水扁、陳菊等人大搞「去中國化」、「去蔣化」，一群詩人紛紛表態效忠。其中之一路寒袖（本名王志誠）也配合搖旗，並率眾把蔣介石銅像大卸八塊，以取悅篡竊者，坐穩僞高雄市文化局局長，凡此皆詩人墮落，作品不必舉例。

對中國新詩做了上述現狀的觀察、理解，但我仍覺得很「兩極化」，如屠岸所認知的，雖有認爲中國新詩已死亡，爲它寫「悼詞」，但也充滿生機，中國詩歌必將走出低谷，詩的火山總有一天會爆發，噴湧流遍中華大地。（註三一）因爲，中國古來是詩的民族，也是詩歌大國。

但，眼前、現狀，新詩人投降了市場，新詩也被市場判了「死刑」。顯然，中國當代新詩發展陷於某種困境。「第十屆國際詩人筆會」於二〇〇五年五月在雲南大理舉行，台灣有詩人向明、尹玲、金筑等參加，會議主題是「當前詩歌的困境與出路」。「第二屆華文詩學名家國際論壇」二〇〇六年九月在重慶西南大學舉行，台灣有詩人金筑、台客、杜紫楓、文曉村、秦嶽等參加，主題是「新詩二次革命」和「新詩詩體重建問題」再研討。

這些會議集眾多中國當代優秀詩人智慧，相信就是爲中國新詩找到脫困辦法，找到正確的出路，路在那裡？

參、路：中國新詩的本質和我的新詩戰略觀

這節我闡揚兩個命題，一是「中國新詩的本質」，另是「我的中國新詩戰略觀」，兩者思想一以貫之，故放一起論述。

「中國新詩的本質」我再區分四個小子題：詩的本質、詩人的本質、中國詩人的本質和中國新詩的本質。

首先是「詩的本質」，我國古人多說「詩言志」，何謂「志」？心之所思嗎？資深

詩學名家周伯乃（台灣、廣東五華）先生研究指出，詩的本質是表現人性、本性、天性、人格、靈性、內容、內涵。所以，詩的本質如果是用最簡單的說法，就是美與真，而且與詩人本身所流露的善的啓示相結合。（註三二）高準爲詩下的定義是：「詩是人類思想與感情交溶昇華以導致高尙境界而透過想像與韻律精鍊而出的語言。」（註三三）此二者都是詩的本質，異曲同工之妙，但並非放之四海皆準。

東、西方文化不同，民族性差異也大，本質之詮釋自然也不同。以美學爲例，西方美學源於衝突、對立、矛盾和批判；東方（中國）美學源於統一、圓融、和諧與包容。但不管東方西方，稱爲「詩」，應合於其本質，且用詩的語言表達出來。

第二「詩人的本質」。吾人常聽人說，「詩人是所有各種人當中最具真性情的人」、「若無真性情何得爲詩人！」就是講詩人創作的作品，應合於人性、本性，合於詩人的本質。詩人要有真性情才有風骨，有風骨才能抗禦政治、利益（烏紗帽、錢財等）之誘惑。故詩人乃用其最純之「真」，來圓融主、客觀世界中的美與善，以詩的語言成就其作品。鍾鼎文（台灣）爲旅美女詩人心笛（本名浦麗琳）的詩集「貝殼」提序時就說：

> 當然，真、善、美三位一體的完整與和諧，是文學、藝術上、也是人類精神領域

裡的最高境界，詩人們無不憧憬於此一境界。然而，在我個人看來，在三者之中以真最為重要，真是通向善與美的唯一途徑，不通過真，不是真善、不是真美。善心與美感原是根植於人性的良知良能，在基本上有其普遍性和不變性。（註三四）

可見詩人之本質仍在「真」，明代鄭之玄「克薪堂詩集」序曰：「情者，詩之種也。」詩大序說：「詩者，志之所之也，在心爲志，發動爲詩。」而孔穎達疏曰：「在己爲情，情動爲志。情、志，一也。」皆是同理，不論今人古人之論述，都在說明詩人「真性情」之本質，以其情其性之「真」，圓融一切美與善，用「詩之語言」創作之人謂「詩人」；反之，離此一步，不論詩語多高妙，已非詩人。

第三層「中國詩人的本質」。我想世界各國、各民族都有他們的詩人，例如當你稱「美國詩人」、「日本詩人」等，除有國別的「形式標誌」，也還有思想內涵的精神意義在內，否則何必區分？一個「中國詩人」和「日本詩人」又有何差別？

當然，或許有人已達「世界詩人」的境界，但我相信他的詩作是表達了自己民族、自己國家的榮耀，因爲喪失了民族性的詩人，絕不可能成爲「偉大的世界詩人」。我想要論述的，是「中國詩人」必須有「中國」的內涵，有我們自己民族文化上的「特質」

（不同於東洋或西洋），否則你是那裡的詩人?詩人高準被稱「民族文學的良心」，鄭愁予被稱「非常中國的中國詩人」，他們才被兩岸詩壇高度敬重。而余光中、洛夫能被兩岸當代中國新詩界尊爲「大師」，正是他們散發「中國詩人本質」光輝，不是嗎?於此，我舉讀一首葡萄園詩刊創辦者，已故文曉村先生的最後一首詩「八月，我將遠要——給愛妻」。

請記住：／這是二〇〇七　八月／為了一個經典的節日／我將遠行

那裡　是我心靈的大西部／是只有歌聲才能到達的／遠方。那裡／山岡連著山岡／青草鋪成母親的胸懷／還有一個美麗的大湖／她的名字叫　青海

在那裡　我可以／看　無邊的藍天／聽　百鳥的歌聲／伸手握住　詩神的／微笑；欣賞美女與哈達／飛揚的舞蹈／而我　也要放聲歌唱／唱出我的嚮往／唱出我的淚水與憂傷

如果我這一顆／衰老的心臟／承受不了三千公尺／海拔的壓力而倒下／倒在大草

原的胸懷／請不要流淚／而為　我祝福／因為我已經返老還童／回到母親的懷中

（註三五）

二〇〇七年七月卅一日於台灣省中和市

身爲一個中國詩人，文曉村先生永遠是我心中的典範，他也是中國詩人的典範，當然，他也是台灣詩人。說到這裡，可能是受政治過度操弄而欠缺自覺性，有詩人認爲自己是「台灣詩人」而不是「中國詩人」。我深信這是暫時的，很快將會「移動」，大勢已然形成。

第四「中國新詩的本質」（或稱「中國詩」、「中國詩歌」等，本文不做界定，視爲同意詞。）我以爲，中國詩詞古來本質是不變的，就是中國的，惟每朝每代有不同的內涵與形式表達，新詩亦然。陳慶輝（武昌珞珈山）在「中國詩學」一書，認爲中國詩學有三條基本路線：

㈠儘可能突出中國詩學的民族特徵。

㈡儘可能體現中國詩學的古典色彩。

㈢儘可能把中國詩學放在中國文化的大背景下進行研究。（註三六）

我以爲這便掌握了中國詩的本質，只有緊握這本質才能彰顯民族性。只有最具民族性的詩作才是具有世界性的，中國詩能成「世界詩壇之大國」而具有世界意義，正是在其有鮮明的民族特色。這就是爲甚麼詩學名家蕭蕭（台灣）曾說，未來的現代詩必定是：

空間上，是台灣鄉土的關懷。

時間上，是中國文化的認同。（註三七）

中國新詩（含各地區鄉土詩作），事實上古來都是「統一而圓融」的，任何歌吟鄉土、鄉愁，都不可能與「母體」切割，因爲母體是整個中華民族歷經五千年形成的民族性，母體是源源不斷的活水活泉；鄉土文學若與母體割斷，撐不了多久，便因失血與飢渴而死，我如此詮釋陳慶輝的中國詩學基本路線與蕭蕭的論述，相信是正確的。

當代中國新詩必須發揚且突出中華民族的特徵，在中華文化深層土壤中開花結果，體現不同於西洋或東洋的古典色彩。若遺棄了這些，世界詩壇將不知道「你是誰？」，連你自己也不知道「我是誰？」

身爲中國當代新詩人，最起碼要忠於「詩人的本質」，進而散發「中國詩人」的風骨與氣節。世界詩壇將清楚的知道「你是誰？」，你會不知道「我是誰」嗎？這部份是我進而要論述的「我的中國新詩戰略觀」。

在我即將邁入耳順之年時，想著人生之精華、美妙而好用的時光，應所剩無多。反省這一生假如有甚麼成績，大概前半生鑽研的「中國學」（戰略、國防、戰爭、兵法、政治與歷史，著作約三十部。）；及後半生在文學領域的用心（著作亦約三十部）。前半與後半生鑽研領域雖不同，戰略思維則一以貫之，才有我的「中國新詩戰略觀」。分論如後。

第一、當代中國新詩應涵富「春秋大義思想的堅持」，新詩人應以「春秋史家地位自許」。簡言之，詩人應從春秋的高度開展其作品，彰顯春秋正義的無窮力量，以有助於春秋理想的實現。於此，吾人略述「春秋大義」之正意，「春秋」指我國春秋時代各國國史通名，也是魯國國史專名。現有「春秋」是孔子所作，歷史上爲「春秋」作傳的很多，著名者有左傳、公羊傳和穀梁傳。謂之「春秋三傳」。（作者與歷代考證略）

「左傳」以民本思想爲核心，強調人民是國家之本。

「公羊傳」以大一統、仁政爲核心，嚴格區分「中國」與「非中國」之意，是儒家政治思想之寶庫。

「穀梁傳」以批判貪腐及闡揚孔子「正名」思想爲核心，及對政治人物賢能美善之贊揚。

「春秋大義思想」經幾千年，在中國大舞台上實踐、實證，已經成爲「千年憲法」。現代也許極少有人去專心讀「春秋三傳」，但殊不知，貪污腐敗、篡竊行爲（如「槍擊案」）、台獨之走向死路等，之所以被中國子民痛恨，都根源於春秋思想。中國當代新詩人應以「春秋史家地位自許」，就是我們這一代新詩人要學習孔子、左丘明、公羊家族、穀梁淑等先聖先賢的氣節，自許這支寫新詩的筆是一支「春秋史筆」，身爲詩人也是「史家」。

在台灣新詩人群中，最強調詩人也是史家是謝輝煌先生，他說：「詩人，是另類的史家。」，而他這樣說的對象，正是針對葡萄園詩刊主編台客新著「星的堅持」而發。（註三八）所以是史家的詩筆論史家。謝先生在另一篇「詩不離史，史不離時」文章最後結論說，無論是誰來談詩論史，若忘了「時間老人」，則一切的論述，永遠都是如魯迅說的「癡人說夢」。（註三九）台灣詩人群中以詩筆論述春秋大義，我熟知的有葡萄園詩刊社長金筑及社務委員范揚松，先讀金筑先生的「紡古」一詩：

古老的紡車／索陶古老的故事／紡不完的夢／任時序中／縷縷千千悠悠渺渺／一條綿亙的長線／紡就／憨憨孤臣淚／滴滴孽子血／一部春秋大義（註四〇）

我讀「紡古」，詩中那條「長線」，象徵中華文化的一貫道統，五千年而不斷，紡就出來的是春秋大義的核心思想和價值。但紡車現在已是老古董，在警示我們這些中華子民，春秋大義和中華文化式微，造成分離主義盛行，亂臣賊子才有篡國竊位的機會（指台灣二〇〇四年「案」）。（註四一）這是詩人對春秋大義式微的警覺，先於一般人，可謂先知先覺者。

另一位善於提詩筆彰顯春秋大義思想者，是跨足兩岸企管界的詩人兼企業家范揚松博士，窺其早期一九八三年才二十幾歲的年青詩人，就有「太史公曰」一詩，爲五節十六段一六八行的長詩，讀其中幾小段：

如我此刻，溫習著／孔丘的春秋大義，朗讀／詩經的興觀群怨，歷經／無數時序的編校之後……一隻熟悉的身影，背類典籍／緩緩前進，幾乎叫人驚悸／那是孔丘，抑或父親的影子……

身為史筆，能不驚覺／他們走過歷史道途的真義／巍峨的典型，不時浮現／我為之立傳，為之抗辯／猶如我的堅決，而留下亙古／戮記，作為一名史筆的……（註四二）

我曾挖掘並一路追蹤，詩人范揚松從童年受家族影響，到青年、壯年，至今已過天命之年，他的詩作始終站在春秋正義的高度，與廣大的人民群眾站在一起，批判貪腐、不義等罪行。尤其針對公元二千年後台灣獨派的篡竊政權批判最多最力，這些彰顯春秋大義的詩作，范先生集其部份，出版「尋找青春拼圖」（註四三），我仍以「從春秋的高度提筆」爲主題作序，在我心中，他是詩人、史家，有真性情的「春秋筆」。

從以上的論述與舉例，我的新詩戰略觀，期待中國當代新詩人有春秋史家的高度情操，他的筆是一支「董狐筆」，具備這樣條件再進而賞其詩藝才華。若不具備「一定高度」的春秋氣節、情操，不論多高妙、唯美的詩藝皆妄然，爲何?秦檜、汪精衛之流，純就詩藝論，可能遠勝當代許多大師級詩人，然而有誰稱他們是詩人?又爲何?人品低劣，滿腹經論，不過增加對國家民族的傷害度。

第二、中國新詩應從廣大深厚的中華文化沃壤中植根壯大，這是一個大背景、大母體，應較無疑慮，幾乎凡中國詩人都有的共識（除極少數的分離主義者），故勿須深論。我以女詩人紫鵑（台灣乾坤詩刊社務委員），於二〇〇八年秋採訪余光中先生最後一段問答，爲我說明白、講清楚。

紫鵑問：台灣文學與中國文學一脈相傳，不過台灣當局一直在探討本土的自主性問題。余教授您認為身為台灣年輕人，應該如何面對台灣文學與中國文學？他們應該何去何從？

余光中：我一直認為，以中文或華文寫作的人，必須正視自己民族的兩個文學傳統。第一個是大傳統，從「詩經」、「楚辭」以來的大傳統。第二個是五四以來的小傳統，所謂新文學的傳統。你要注意這兩個傳統，不能一無所知，否則就無法做一個中文也好、華文也好的作家。你現在要否定中國的大傳統，然後又硬說新文學傳統是從台灣自己生出，這是很可笑的事情。這樣會變成井底之蛙，也許在政治上很爽，可是在文化上，過

> 了五年、十年，在台灣造就的這一批學生，就會一無所知。中國文學就是我們民族的文學。說的更簡單一點，就是我們整個民族的記憶，是一個夢，你怎能將一個民族記憶像擦黑板一樣擦掉？他做夢，你不准他做，那還剩下甚麼？一個民族不可能沒有過去，叫一個民族只能回憶四百年，這是很可笑的事情。所以我還提倡過一句話「不能剝奪我們下一代的文化繼承權」，因為這繼承權包括整個中國文化。（註四四）

我想，有余光中教授暮鼓晨鐘警悟之論，對兩岸詩壇的詩人們及各類藝術創作者，應該更有說服力。中國文學就是我們中國各民族的文學，也是中華子民「共同的夢境」。這是爲甚麼我主張中國新詩應植根於中華文化的理由！並將這個理念提高到「戰略層次」，與廿一世紀吾國之崛起、發展、壯大來進行同步建設。至此，我忍不住要朗讀一首台客（台灣葡萄園詩刊主編）的「五環緩緩升起」一詩：

五環緩緩升起／千萬朵燦爛的煙火爆開／鳥巢裡人聲鼎沸／五大洲人群齊聚於此
這是二〇〇八的北京奧運／整整等待了一百年／中國人再也不是吳下阿蒙／個個

臉上充滿了自信

在各個競技運動場上／他們紛紛展現實力／金牌銀牌銅牌一塊塊／納入辛勤耕耘

的口袋

中國中國萬方來訪／中國中國不斷壯大／如今它像一條巨龍／屹立亞洲，擁抱世界

深深的祝福／深深的期許／我在寶島台灣一隅／默默仰頭，向它敬禮（註四五）

這是一首「健康、明朗、中國」又清楚明白的詩，海內外近十四億中國人都懂，就算邊疆山寨中挑糞的老農或賣菜的阿嫂，字都不認識，誦讀給他聽也能懂。這是多麼的中國啊！每個字都與你體內的血同源且契合。

第三、中國新詩必傳承中國傳統詩學的內涵和精神。反之，若完全丟棄中國傳統詩學的內涵和精神，則中國新詩的未來必一灘死水、一條死路，頂多是中文寫的洋詩吧！

於此，當我們運用「中國新詩」、「中國詩」或「中國詩歌」等詞彙之概念時，即表示它不同於世界各民族詩歌。世界各國各民族都有詩人，他們的詩也追求真善美，或

言志、寫情，或築意象、構意境或其他等。那麼，中國新詩有甚麼特色、條件能被國際文壇譽爲「詩國」、且爲「詩之大國」？此即「中國新詩」之特色。

對中國傳統詩學素有研究的學者陳慶輝（武昌珞珈山），從三條基本路線（如前）深入，提出中國詩歌的言志、意象、神韻、意境、詩興、比興、神思、妙悟與發展等九論。（註四六）言志論是中國詩學的開山綱領，意象論是大門，神韻論是詩的靈魂，意境論是詩的本體和藝術靈魂，詩興論與言志論同是中國詩學的核心範圍，賦比興是古典詩歌特有內涵，神思論是詩的想像空間，妙悟說是詩的創新發展。

以上各論，能讓中外詩家嘆爲觀止的是意境論，認爲「意境」最能代表中國詩的本質和特色。但意象又爲意境之基礎，中國詩最強調「以象明意」和「以象明義」。中國新詩亦然，以意象和意境構築一首詩，才能「言有盡而意無窮」。相信當代中國新詩有這水平應是不少，試讀詩人莫云，她的「異鄉月」：（註四七）

之一：這清冷月色／竟是似曾相識的／彷彿總是那樣孤寂地／高懸在望鄉的夜空
上／既是他鄉知遇／不妨借用這片寒光／用來包覆瑟瑟抖顫的／你那一身
／赤裸裸的鄉思

之二：怎麼看／這陰晴圓缺的月色／都像失血過多的鄉思／一臉蒼白地／仰躺在
／唐詩宋詞的扇頁上

這首詩用了幾個鮮明的傳統詩詞意象，構築成一幅意境頗高的「詩畫」，很明顯的，女詩人承繼中國傳統詩的內涵，她的「寫意」是一種特色。看的出來，莫云向「母體」取源源不斷的活水，故能言有盡而意無窮。

台灣半世紀以來，向以保存發揚中華文化自居（分離主義高漲的八年除外），詩人傳承傳統詩學內涵，其實是「應然的天命」。倒是香港被英國統治一百三十七年（清咸豐十年，一八六〇年—一九九七年），我原以爲香港同胞的國家觀念、民族意識可能流失光光，成了「老外」了。但我近年讀香港「藍葉詩社」四位詩人的合集「四葉詩箋」，發現他們的作品依然很「中國」，依然讓體內的血液湧動。舉四位詩人的一小部份詩作爲例：（註四八）

是上關風／把我從南陲催來／乘著清風／踏遍雲彩／懷著赤子之情／奔向大

理……是洱海月／領我靜待海濱／一睹你的風華

楊慧思「風花雪月」

炎黃子孫該是時候／追溯先祖根源／黑頭髮黃皮膚／是華夏民族驕傲的印烙／文明的搖籃／文化的沉澱／始自炎帝熠熠風采

楊慧思「炎帝陵」

霧戀著以維多利亞之名的港灣／迷離了／無維多利亞之名的峽谷／雨擁著洋紫荊／翩躚於／二月變奏的旋律忘情地／灑下紫夢殘紅……

舒慧「霧雨中的杜鵑」

茫然的我／正依西廂寂寥窗前懷著／揮不去的往事／解不開的夜雨迷情／悲戚憂怨重讀／易安朦朧的遠夢……

舒慧「夜雨迷情」

我神往撐著油紙傘去蹓躂／詩人說的雨巷／親親巷中清新的丁香／見見賣花的女孩／因為我找不到／雨花小姑娘／在穀雨時節的／桂花巷

陳琪手「此巷彼巷」

朝暉抹紅了窗櫺／幾枝疏斜的竹影／撩動你的眸子／一聲的蟬鳴／心，就禪了

陳琪手「人生四帖之四」

千古瀟瀟水流雲在／煙雨樓頭／隱隱燕趙風／紫塞明珠／多少英雄事／俱往矣……

曾偉強「水流雲在」

小雨點／抱擁雨花臺的空濛／沄沄涓滴／恍如熇熅冉冉／鳴奏琤淙／衍生無盡融融／沁入誰的心／然後點滴不留／瀚瀚心湖又再平明如鏡／再也沒有一圈漣漪……

曾偉強「小雨點」

這四葉四子詩風，處處可見他們運用了傳統詩詞的意象，營造出中國詩人神往的空靈意境，容易看出他們也能構築「民族共同夢境」（見註四八古晟在秋水詩刊的賞文），同時他們每一個「個體」亦有明心見性的功力，因而有了自己鮮明的風格，他們是「詩人」、「香港詩人」，也是「中國詩人」。

我的「中國新詩戰略觀」最後一個子題，是「健康、明朗、中國」再加「開放」。儘管「健康明朗」也許包涵了「開放」，但質疑者可辯稱不涵，故須加「開放」一項，有兩個積極意義，對內可包容各民族、邊疆民族及各地區（如台灣）文學詩歌等；對外可吸收西方文學詩歌的優點，可豐富廿一世中國新詩的生命內涵。例如呂進（重慶西南大學）的代表作「中國現代詩學」（重慶出版社，一九九一年）受到學界高度評價，他的詩學理論重要源頭之一是黑格爾的「三段式」，他指出今後中國新詩的發展趨勢是「合題」，即「尋求生命意識與使命意識的和諧，文體自覺與時代自覺的和諧。」（註四九）吾國在世界詩壇雖是「詩之大國」，但吾人不要說「我們夠了！我們不必學習了！」，中國新詩也須要改革開放，把西方的好東西吸取並加以「本土化」（即中國化），如同呂進，如佛教思想。

與呂進同是「學院派」詩家，是胡其德教授（台灣師大教授、詩人），他是善於融合中外詩學創造新境界的詩人，如運用亞里斯多德詩學、十四行詩（Sonet，商籟詩體）及日本俳句等，試賞讀胡教授以「秋陽」之名出版的詩集「翡冷翠的秋晨」，書中「一朵孤獨的雲」一詩：（註五〇）

一朵孤獨的雲／沒有名字也沒有顏色／孤伶伶地飄泊在天地間／冷眼看著紅塵
除了天空沒有別的行囊／流浪是唯一的路／偶而風把它吹成一艘船／也沒有停泊
在任何山頭
當夕陽把天空染紅／它也沾了一些光彩／跟著來的聒噪的烏鴉／並沒有改變它的
走向
只是一朵孤獨的雲／拖著苦行僧的雙腳／不知疲憊地追尋／那虛無飄渺的永恆

這首詩就是詩人的自白，這「雲」的定力已達八風吹不動，世間榮華富貴也不能吸引他改變即定的方向，如同典型的中國傳統知識份子，富貴不能移的氣節。也像一支「董狐筆」，「夕陽把天空染紅」和「聒噪的烏鴉」，隱喻某種政治力量的影響，仍不為所動。「虛無飄渺」是詩人追尋的目標，可解成一種真理或春秋大義，聽起來虛無飄渺，卻有永恆的力量。

肆、中國新詩的二次革命，詩體形式重建與精神重建

約二〇〇四年，呂進、駱寒超（浙江大學）及其他一些學者共同提出「新詩二次革命」，這個議題很快在近幾年的新詩論壇成為顯學，有贊成支持者，有存疑者，我屬存疑者，先述我的理由。

第一、名詞的概念意涵與現實社會（新詩）環境不合。所謂「革命」、「重建」，概指現有存在之物，已腐敗、壞朽，乃至死滅、墮落，須要徹底改變，換一套全新事物，以利國計民生的幸福安樂。例如一個政權已完全腐敗墮落（如清末之滿族政權、二〇〇八之台獨政權），故須以革命手段推翻之，一次不成，二次革命再幹。又例，一棟建築已到使用年限，將成危樓，為都市發展及市民安全，須要折除重建。對於「革命」、「重

建」之語意，古今中外大致有如上之論述，就算有差異看法，也有很高共識。

現在要問，當前中國社會環境或新詩，是否到了「二次革命」或「重建」的地步，或如本文壹、貳項所論，中國新詩已完全失去民族性、去中國化，民族精神丟光光？？？我所研析，問題雖很嚴重，但我也看到堅持春秋氣節與民族性的新詩人，如台灣的文曉村、吳明興、台客、范揚松、高準、三月詩會諸君……在大陸如呂進、蔣登科、傅智祥……乃至屠岸、艾青等，數量眾多。一代代人接棒努力，中國新詩必定隨著中國之崛起，成為世界新詩的典範，但革命和重建的客觀環境尚未形成。

第二、詩體形式與時代變遷、社會演進的關係。詩的形式是根據民族語言的特點、社會生活的變化和詩歌創作的發展而形成、演變和創新的，但它具有相對的穩定性。沒有詩的形式，也就沒有詩，而變成別種藝術品。（註五一）所以，每一種社會形態必有其特有的詩的形式，如詩經、樂府、唐詩、宋詞、元曲，乃至五言、七言或格律詩中的小令、中調、長調等，若做寬鬆的解釋，都是一種「詩體」也是一種「形式」。詩的形式由詩的語言、文詞、韻律、句式結構等諸要素，排列組合而成表達內涵、內容的表現形態。一種文學的表達形態，也表達了社會變遷與發展。

滿清結束使中國社會形態產生根本性改變，而「五四」新文學革命，使傳統詩詞產生「破格」，也是中國新詩的「創格」。此後，中國新詩（另不同地區與時期，有稱白話詩、自由詩和現代詩），可謂打破了一切限制，掙脫了一切束縛，還給詩人百分百的表現自由，「形隨詩人心意和詩意而變」。這是吾國詩史上如同唐詩宋詞元曲，再一次偉大的「創格」，目前尚不須「再創格」。

中國新詩的形式發展至今，雖不能說「完美」或「絕後」，但我認爲是最合人（詩人）的須要，也給創作者最大的空間，完全自由、無拘無束的形式。這不就是全人類最想要的，徹底的、全面的「解放、解脫」了。說是人的需要，也是社會發展使然。因爲一種詩體形式，代表一個時代詩歌風格的特色；而社會發展又往往促成詩體形式的轉型（或革命性變化），產生適合人和社會須要的形式。

第三、新詩二次革命「詩體重建」概念界定之商榷。呂進（西南大學）說，一次革命的主要美學使命是「破格」，二次革命的主要使命是「破格」之後的「創格」。此處的創格應是指詩體形式的重新創造，揚棄現在這種新詩的分行排列，是謂「詩體重建」。但呂進接著說，「如何在民族性與世界性、藝術性與時代性、自由性與規範性中找到平衡，在這平衡中尋求廣闊的發展空間。（註五二）這些論述，其實與民族精神、風格，及詩之境界關係較多，而與詩體形式關係較少。再看何休（重慶三峽學院）如何達成「革命目標」：

贊成「新詩二次革命」思想的同時，主張應該從抓緊新詩的詩體建設、恢復詩歌的審美本質、重塑詩人的人格理想等方面來實現「新詩二次革命」的目標。（註五三）

何休之論，詩體建設的「因」在社會發展和人民生活形態的轉變，而「審美本質」和「詩人人格」二者的本體「乃在民族文化和民族精神兩個大領域中。這裡我所要指出的，是詩體重建是否指打破目前新詩分行排列的範式？另創某種形式（即創格），核心問題是「詩體重建」之意涵爲何？爲追究這個問題，我把重慶西南大學「第二屆華文詩學名家國際論譠」各家對「詩體重建」之論述，列表比較：（註五四）

重慶西南大學「第二屆華文詩學名家國際論壇」各家對「詩體重建」之論述	
姓名	論述內容
呂進（西南大學）	「新詩二次革命」的重點是詩體重建，明確提出沒有詩體就沒有新詩及其美學體系的「無體則無詩」主張。

章亞昕（山東大學）	新詩還處於文體革命的轉型期，新詩文體的「非傳授性」、「不穩定性」和「反模仿性」特徵，使得整個詩歌界構建編碼和解碼的約定俗成的審美範式面臨著難題，詩體建設還有待深入。
王　珂（福建師大）	深刻地體認到網路時代的「詩體重建」運動更應高度重視新詩的「詩形建設」。套用外國詩歌的原始詩形到使用中國化了的漢語翻譯詩形，再到創造自己的詩形，這足以見出翻譯詩歌形式對新詩形式的影響。
葛乃福（復旦大學）	以十四行詩爲個案分析了詩體建設對於繁榮新詩的促進作用，認爲新詩走出目前困境的出路之一便是加強詩體建設。
楊景龍（安陽師院）	分析古今詩歌傳統的基礎上認爲新詩目前存在的重大問題，主要是缺乏文體形式意識，因此「詩體重建」是解決近百年來困擾新詩發展的主要途徑。
姜耕玉（東南大學）	漢字由於能夠達到視覺與聽覺的融合，能夠給新詩外在形式帶來審美效果，漢字具有文化和感情底蘊能夠造就新詩的內在形式和節奏，因此詩體重建應該重視漢字精神。
呂　剛（西安築大）	現代漢語詩歌建設應該在語言文字的詩性挖掘與建構方面努力。
莫海斌（暨南大學）	注重詩歌情緒跌宕和語言的音韻。
李志元（廣西師院）	從工農兵「讀者」的立場考察了民歌形式的演變。

萬龍生（重慶日報社）	格律體新詩曲折的發展歷程，其豐厚的積澱爲今天格律詩創作提供了參照。
沈用大（福建作協）	中國新詩的形式之路主要由自由詩和格律詩鋪就，新詩形式建設是由這兩種延續。
潘頌德（上海社科院）	新詩詩體回顧，呼籲「完成歷史賦予我們的創建完美新詩體式的使命」。
熊　輝（四川大學）	中國新詩形式觀念的更新是五四譯詩的影響的結果，譯詩形式是早期新詩形式的「範本」、模仿對象和資源，應合了中國新詩形式建設的需要。這種視角在文化全球化語境中整合各國詩歌形式菁華，促進詩體重建提供了一種新的思路。

以上十四詩家對詩體重建之論述，大致上僅指出「應然」問題，並未觸及「實然」問題。即是說，諸君認爲中國新詩應進行詩體重建，至於怎樣重建？重建成何種「樣子」（詩體、形式），並未論述。這或許是章亞昕說的「新詩還處於文體革命的轉型期」，故吾人對重建之內涵、內容、方法、綱領等尙處於摸索階段。如同滿清末年很多人都認爲中國應進行政治革命，但如何革命？方法如何？尙未可知，指到革命先行者孫中山提出革命綱領，有方法有步驟程序，革命才有成功機會。

但多位詩家也提到可以參考的方法，如王珂套用外國詩形加以中國化，進而創造自己詩形；沈用大似認爲自由詩和格律詩形式，新詩形式重建可以延續；熊輝提到早期新詩形式合於中國新詩形式建設的需要。這些至少也提供一個思考的方向，找到新詩體的可能。

如果詩體重建指的是有形的體例、形式或結構等，那「精神重建」就是指無形的精神、內涵或意境等。我也將該次論壇對「精神重建」論述列表比較：（註五五）

重慶西南大學「第二屆華文詩學名家國際論壇」各家對「精神重建」之論述

姓名	論述內容
蔣登科（西南大學）	分析了個人性寫作立場是導至詩歌精神內縮甚至萎縮的主要原因，在對這類詩歌創作路向提出質疑的情況下，倡導詩人應該提升和超越個人體驗進而關注現實人生的普遍際遇和生命存在的純真意義。
錢志富（寧波大學）	商業炒作滲透進詩壇必然引發詩歌藝術和精神的缺失。
毛　翰（華僑大學）	「表層結構」是在探討孔子詩歌的社會功能爲甚麼沒有「詩可以頌」？「深層結構」是要對那些具有「奴性和勢利」氣息的詩歌和詩論宣戰，讓詩回歸詩性立場。

萬龍生（重慶日報社）	新詩應從古詩中吸收藝術和形式營養。
森・哈達（蒙古）	由於華人在世界各地的散居和翻譯家的努力已經躍居世界各民族詩歌的首席，華文詩歌是中國文化通向世界的一座橋樑，華語詩人或用華語進行創作的外國詩人應該積極進行藝術探索，爲華語詩歌創造美好未來。
梁笑梅（西南大學）	從文學地理學角度出發認爲探討地理的差異是爲展示華文詩歌的完整性和民族豐富性，是爲了把華文詩歌研究引入空間形態研究的新視境，推動華文詩歌在全世界的整合與繁榮。

詩歌精神領域爲何？或可謂風格、理念、特質等。但更廣義解讀「精神」二字，想必釋皎然（俗名謝書、唐玄宗時人）的「辨體十九字」（註五六）、司空圖（唐末）的「二十四詩品」（註五七）等，都可視精神範疇。司空「精神」品進而有注疏，「詩品臆說」云：「人無精神，便如槁木，文無精神，便如死灰。」然則，精神何謂？「淮南子・精神篇」注曰：「精者神之氣，神者人之守。」故須「聚精養神」，使人有精神，生龍活虎，動靜隨心；詩有精神，則「生氣遠出，不著死灰。」。

前述「精神重建」中論述對「奴性和勢利」氣息的詩歌宣戰，未知毛翰所指爲何？大概不外撤底西化（橫的移植）和脫離母體（去中國化）兩種。若然，這也等於對喪失民族性、民族文化和民族精神的詩歌宣戰（革命）。目前所要質疑的是，中國新詩是否全然沒有「中國」了，若是，「精神重建」才有合法性基礎，否則便是「造反」。

本節前述詩體形式的應然、實然等，爲釐清問題，仍有四個子題需要進一步詮釋，以供未來參考之取捨。就文學形式而言，有「形式與內容不可分」和「形式爲表達內容而存在」；就形式的重要性也有「重要和不重要」兩種，分述如下：

第一、形式與內容不可分。如同英國哲學家波山奎（Bernard Bosanquet，1848-1923）說：「在原理上，所謂形式與內容，正如同一個是精神，一個是肉體。」（註五八）若然，當然不能分，分了豈不成「死人」，意大利表達主義（Expressionism）美學家克羅齊（Benedetto Croce，1866-1952）更是這個理論的代表，他反對「形式」與「內容」之分，反對手段與目的的區隔，若有詩人或文學理論家建立一種法則或形式，閱世之後，總有詩人將之推翻。所以，說克羅齊是「文學類型的進化論」者，他能認可。（註五九）總之，這派別的文學理論反對任何內容和形式的區分，任何藝術作品必須從整體去欣賞和了解，作品本身自有一種「表達」，外界不能以任何形式限制或轉移。

第二、形式爲表達內容而存在。在西方如英國文學批評家溫撤斯特（C.T. Winchester）持此觀點，呂進在二屆論壇提出「無體則無詩」主張亦同。「形式的存在，是爲了表達內容。形式的最大職責，是最完美地表現內容。形式的主要任務，是使人們忽視形式的存在，而只感染、激動、潛移默化於內容。」（郭因「藝廊思絮」）。（註六〇）這是不是說唐詩的「形式」是爲表達唐詩的「內容」而存在，但最後連形式也不存在了。

若然，則前兩種像是「終統論」，最後內容與形式統一融合了。任何藝術創作（詩歌、書法、舞蹈……），乃至我前半生所學戰略、兵法、戰爭原則等，初則臨模、套形，依一定規格形式經千百回練習，層次水平漸漸提昇。到有一天領悟、頓悟真理而達最高境界，這便是「忘形」或「無形」境界，所有形式如敝屣般被揚棄。此時還有甚麼「內容」與「形式」之分呢？

第三、形式不重要。「形式」問題固然有很多不同的觀點，但畢竟詩人是在創作「一首詩」，不是創作「一個形式」。詩論家周伯乃先生說：

> 作為一種觀念的表達，一種藝術的觀點，任何文藝作品的形式，都僅能視其為一種外觀的表示，這種表示，是給人一種肉眼所能觸及的快感，對於心靈的，內在的感受，它就無能為力了。（註六一）

如同佛陀在靈山拈花，迦葉微千，大位傳承於焉完成，沒有形式。亦如達摩東來中土，禪宗傳法，不立文字，因爲心靈的事只有心靈能感受理解，一切的形式規格何用？在周伯乃著「現代詩的欣賞」第四章「詩的形式」，他也引紀更論述，過於重排列樣式等，是寫形式主義詩的人們該反省的。

但新詩和傳統詩詞最大不同就在形式，過於重視或不重視都不對，總要找到一個平衡點。

第四、形式爲必須且重要。中國新詩經近百年的發展，出現目前已是完全自由的形式，一首詩要如何分行、斷句、分節及語詞之用等，已隨詩意及詩人之意，可自由安排。此種形式（詩體）我認爲必須且重要，新詩之不同於傳統詩，最大差別在此。尚有下列原因：其一、前三項對形式與內容論述，均無法否認形式存在的必要性。其二、我國文學史上的唐詩、宋詞等，都是不同的詩體形式，不同的形式代表不同的時代和社會思潮，新詩亦然。其三、現代詩主要欣賞方式是用看的，側重由視覺喚起情境效用，故形式是現代詩和傳統詩最大的視覺差異。（引詩人吳明興語）形式對新詩的重要性，舉數例參考，讀莫云的「枯」小詩：（註六二）

旱季來臨
焦渴的筆尖
暴斃在
龜裂的稿紙上

這首詩只有一句「旱季來臨，焦渴的筆尖暴斃在干裂的稿紙上。」但一句讀完，讀不出「情境」來，斷成四行，典雅、清奇、洗鍊的意象全出來了。其第一行四字獨立成一節，與次節空一行，是借客觀景像爲詩人造「枯境」，詩的意境用分行、斷句之法，整體呈現出來。再讀文林（台灣葡萄園詩社）的一首小詩「倩影」：（註六三）

最受歡迎的影子
但是
美
需要距離來保持

這首詩只有二句，「最受歡迎的影子。但是美需要距離來保持。」若不分行，「看」不出倩影的美感，即不能經由視覺喚起情境，詩意乃無從呈現出來。「但是」獨立成一行亦有深意，建構一段產生美感所要的距離。

其他更長的新詩也同樣要用「新詩的形式」，來表示「他寫的是新詩，不是傳統詩」，並展現其意境或風格，篇幅有限勿須再舉例。

本節再贅數語爲小結，詩和詩體形式都與一國之社會變遷、民族性與歷史文化有緊密的「正」相關關係。因此，詩歌和國家之政治、社會、經濟、國際地位……實在是「一體多面之物」。我絕不相信，當滿清末造之世，國家淪爲次殖民地，民族處於被滅種狀態，中華子民與狗同等地位，詩人能寫的出「健康、明朗、中國」詩作乎？能寫的出浪漫、唯美詩歌乎？有的是悲愴、痛苦和慷慨就義的「絕命詩」吧！

今天已是廿一世紀的開放社會，儘管我們的社會絕不能走上西方美式資本主義與民主形態，中國有中國的民族性，我們應該發展出適合中國人的「中國式民主政治」（二○○五年十月十九日國務院已發表「中國式民主政治白皮書」）。讓我們在中國式開放社會狀態下，立基於本民族文化，做一個光榮的中國詩人，建構中國新詩詩體形式及其精神內涵。

伍、結論：未來努力方向

走筆至此，想起三十多年前，丁潁和高準兩位詩人創辦「詩潮」，在創刊號上標示的「詩潮」五大方向（第一集卷首，一九七七年），（註六四）及高準提出新詩的「新八不主義」、中國詩歌創作的前途（六條）。（註六五）這些主張與本論文所闡揚多麼神似，更讓我確信我的新詩戰略觀，正合於中國新詩未來發展方向。重慶西南大學校長王小佳在「呂進文存」序「刪繁就簡三秋樹，領異標新二月花」一文中先說：

> 中國傳統詩學與中國現代詩學同為中國詩學，它們之間有許多相通。不熟悉傳統詩學，就找不到現代詩學的邏輯起點。但是我們是現代人，所以必須在繼承中實現「現代化轉換。」（註六六）

這表示中國新詩若止於傳承傳統詩詞是不夠的，還要積極吸取西方文學精華加以「消化」，完成「本土化」（中國化）工程。（如同佛教從唐朝開始本土化工程，經一千年始成中國佛教。）所以，王小佳在該文接著說：

中國現代詩學和西方現代詩學同為現代詩學，所以它們之間有對話的必要，也有對話的可能。在當今時代，不尋求中西對話與互補，閉門造車是不利於學科發展的。但是我們是中國人，所以必須在借鑒中實現「本土化轉換」。只當「搬運工」永遠是沒有出息的。（註六七）

照搬西方東西當然不能用，傳承和借鑒的目的，都是爲了創新，創造出不同於傳統詩、詞、曲和民歌，又不同於東洋或西洋的新詩體式。而是有我們的民族性，有各民族的百花爭艷局面，這才是我們要的中國新詩。中國詩人們！你怎能只當「搬運工」，你是用方塊字寫出一堆西洋詩嗎？

末了，我再強調本論文核心思維，深確反省中國新詩目前的「精神狀態」，評估革命環境和時機是否成熟？以取得「二次革命」的合法性基礎。思想精神和詩體形式，融合傳統與西方再創造，故我提出「健康、明朗、中國、開放」的發展方針。

註釋：

註　一：向天淵、熊輝，「新詩再次復興與審美範式重建」，葡萄園詩刊（第一七二期，二〇〇六年十一月十五日），頁六八—七二，章亞昕（山東大學）指出，新詩還處於文體革命的轉型期。

註 二：詩潮社編，民族文學的良心（高準作品評論選）（台北：文史哲出版社，民八十一年八月），頁三〇九—三一三。

註 三：馬忠，文本與言說（北京：大眾文藝出版社，二〇〇八年九月），頁三九—四二。

註 四：文曉村，輕舟已過萬重山（台北：文史哲出版社，民九十四年八月），頁一六〇。

註 五：古繼堂，台灣新詩發展史（台北：文史哲出版社，民八十六年一月增訂再版），頁五。

註 六：台客，「走過風雨四十六」，葡萄園詩刊（第一七八期，二〇〇八年五月十五日），頁九六—九七。

註 七：古遠清，「台灣當代新詩小史」，同註（註六），頁六二。

註 八：同註（註五），頁三。

註 九：同註（註七），頁六三。

註一〇：同註（註七），頁五九。

註一一：同註（註二），頁三一二。

註一二：陳福成，「偶然又見掌門」，藝文論壇（創刊號，二〇〇九年五月四日），頁八五—九四。

註一三：轉引蔣登科，「台海的詩海擷珠」，葡萄園詩刊（第一七〇期，二〇〇六年五十五月日），頁四〇—四四。

註一四：「三月詩會」成立於一九九三年，每月聚餐論詩，每二—三年出版一本專集。目前（二〇〇九年六月止）有會員：徐世澤、金筑（謝炯）、潘皓、燕青（許運超）、關雲（汪桃源）、陳福成、謝輝煌、童佑華、晶晶（劉自亮）、林靜助、雪飛（孫健吾）、蔡信昌、林恭祖、麥穗（楊華康）、王幻（王家文）、一信（徐榮慶）、傅予（傅家琛）、文林（林文俊），共十八人。

註一五：同（註二）。

註一六：熊輝，「關於詩歌諸題致紫楓」，葡萄園詩刊（第一七三期，二〇〇七年二月十五日），頁五二—五四。

註一七：陳仲義，「感動撼動挑動驚動（上）：好詩得『四動』標準」，創世紀詩雜誌社（第一五六期，民九十七年九月出刊），頁一九〇。

註一八：晁真強，「情繫天地，愛的守護」，葡萄園詩刊，同（註六），頁一一二。

註一九：台客，詩海微瀾（台北：文史哲出版社， 年月），頁。

註二〇：尹克軒，「以詩會友最快樂」，葡萄園詩刊（第一七一期，二〇〇六年八月十五日），頁五七—五八。

註二一：古遠清，「台灣當代新詩小史五之五」，葡萄園詩刊，同（註六），頁五七—六四。

註二二：賴益成，一盞不滅的燈（台北：詩藝文出版社，二〇〇八年十二月二十五日），頁六〇—六一。

註二三：張默、白靈主編，八十八年詩選（台北：創世紀詩雜誌社，民八十九年三月二十九日），序頁三—七。

註二四：文曉村，「雪白梅香費評章」自序，葡萄園詩刊（第一六九期，二〇〇六年二月十五日），頁五二—五三。

註二五：同（註四），頁六五。

註二六：張默、向明主編，八十一年詩選（台北：現代詩季刊社，民八十五年十月十五日三版。）頁一。

註二七：同（註三），頁〇〇一。

註二八：同（註三），頁〇三三。

註二九：高準，中國大陸新詩評析（台北：文史哲出版社，民七十七年九月），頁二一四。

註三〇：同（註二九），頁三四九。

註三一：屠岸，「隨筆一則談詩」，葡萄園詩刊（第一六七期，二〇〇五年八月十五日），頁四二。

註三二：周伯乃，現代詩的欣賞（台北：三民書局，民八十二年元月），第一冊，頁九—一〇。

註三三：同（註二），頁三七八。

註三四：心笛，貝殼（台北：時報文化出版公司，民七十年八月五日），頁十四。

註三五：同（註二二），頁三二。

註三六：陳慶輝，中國詩學（台北：文史哲出版社，民八十三年十二月），頁二一四。

註三七：蕭蕭，現代詩縱橫觀（台北：文史哲出版社，民八十九年二月），頁二一—二二。

註三八：謝輝煌，「詩人，是另類史的史家——台客『星的堅持』讀後」，同註二〇，頁三七四。

註三九：謝輝煌，「詩不離史，史不離時」，葡萄園詩刊（第一七四期，二〇〇七年五月十五日），頁四八—五三。

註四〇：金筑，飛絮風華（台北：詩藝文出版社，二〇〇六年九月十五日），頁四五。

註四一：全文見陳福成，「人品與詩品——我讀『飛絮風華』」，同註一六，頁五—九。

註四二：范揚松，木偶劇團（台北：龍門文化事業，民七十九年三月），頁一三一—一四四。

註四三：范揚松，尋找青春拼圖（台北：聯合百科電子出版公司，二〇〇七年十二月一日）。

註四四：紫鵑，「心有千瓣的一株蓮——訪詩人余光中教授」，乾坤詩刊（第四十七期，二〇〇八年七月），頁六一—二三。

註四五：台客主編，詩藝浩瀚（台北：文史哲出版社，民九十八年六月），頁四八八—四八九。

註四六：陳慶輝，中國詩學（台北：文史哲出版社，民八十三年十二月），各論。

註四七：莫云，推開一扇面海的窗（台北：秀威資訊科技股份有限公司，二〇〇八年四月），頁六三—六四。莫云，本名宋淑芬，台大中文系畢業，獲教育部、中央日報、梁實秋、北美華文作協等文學獎，屬「寫意型」而有才情的女詩人。另著有短篇小說集「彩雀的心事」、「她和貓的往事」，詩集「塵網」。莫云目前是中國詩歌藝術學會會員、秋水詩社同仁。

註四八：舒慧主編，四葉詩箋（香港：藍葉詩社，二〇〇六年）：「藍葉詩社」是香港註冊文學團體，由舒慧、楊慧思、曾偉強、陳棋手等人，於二〇〇六年一月成立。對四位詩人作品賞讀，可另見：古晟、賞讀「四葉詩箋」（秋水詩刊，第一四一期，二〇〇九年四月），頁一一四—一一九。

註四九：張晨曦，「詩學風景這邊獨好：呂進先生及其著作『中國現代詩學』片談」，葡萄園詩刊（第一七九期，二〇〇八年八月十五日），頁一二一—一二四。

註五〇：秋陽，翡冷翠的秋晨（台北：麥田出版，二〇〇〇年八月一日），頁一二四。秋陽，本名胡其德，一九五一年生，台灣師大歷史系教授（已退），遊學德、法、荷蘭等國多年，通英、法、德、日、義等五國語言，是一個能融合東西方文化的史家兼「中國詩人也是台灣詩人」。

註五一：曹長青、謝文利，詩的技巧（台北：洪葉文化，一九九六年七月），頁二九三。

註五二：同註一，頁六八。

註五三：同註一，頁六九。

註五四：本表根據註一內容製成，作者自行歸納整理。

註五五：同註五四。

註五六：皎然辨體十九字：高、逸、貞、忠、節、志、氣、情、思、德、誡、閒、達、悲、怨、意、力、靜、遠。詳解見：蕭水順，從鍾嶸詩品到司空詩品（台北：文史哲出版社，民八十二年二月），頁五七—六〇。

註五七：司空圖「二十四詩品」：雄渾、沖淡、纖穠、沈著、高古、典雅、洗鍊、勁健、綺麗、自然、含蓄、豪放、精神、縝密、疏野、清奇、委曲、實境、悲慨、形容、超詣、飄逸、曠達、流動等各類風格。詳見同註五六，第七章「司空詩品與中國詩論」。

註五八：同註三二，頁四四。

註五九：William K. Wimsatt, Jr（衛姆塞特）、Cleanth Brooks（布魯克斯）、Literary Criticism: A Short History（西洋文學批評史），顏元叔譯：（台北：新潮大學叢書，民六十七年十月），第二十三章。

註六〇：同註五一，頁二九三。

註六一：同註三二，頁四一。

註六二：同註四七，頁一二五。

註六三：「倩影」，見葡萄園詩刊，第一六八期，頁五〇。

註六四：丁穎，「民族文學的良心——論高準的詩及其創作道路」，詩潮社編，民族文學的良心：高準作品評論選（台北：文史哲出版社，民八十一年八月），頁一——一四。

註六五：同註六四，頁三七八——三八〇。

註六六：王小佳，「刪繁就簡三秋樹，領異標新二月花」，葡萄園詩刊（第一八二期，民九十八年五月十五日），頁六〇——六二。

註六七：同註六六。

陳福成 80 著編譯作品彙編總集

編號	書　　名	出版社	出版時間	定價	字數（萬）	內容性質
1	決戰閏八月：後鄧時代中共武力犯台研究	金台灣	1995.7	250	10	軍事、政治
2	防衛大臺灣：臺海安全與三軍戰略大佈局	金台灣	1995.11	350	13	軍事、戰略
3	非常傳銷學：傳銷的陷阱與突圍對策	金台灣	1996.12	250	6	傳銷、直銷
4	國家安全與情治機關的弔詭	幼　獅	1998.7	200	9	國安、情治
5	國家安全與戰略關係	時　英	2000.3	300	10	國安、戰略研究
6	尋找一座山	慧　明	2002.2	260	2	現代詩集
7	解開兩岸 10 大弔詭	黎　明	2001.12	280	10	兩岸關係
8	孫子實戰經驗研究	黎　明	2003.7	290	10	兵學
9	大陸政策與兩岸關係	黎　明	2004.3	290	10	兩岸關係
10	五十不惑：一個軍校生的半生塵影	時　英	2004.5	300	13	前傳
11	中國戰爭歷代新詮	時　英	2006.7	350	16	戰爭研究
12	中國近代黨派發展研究新詮	時　英	2006.9	350	20	中國黨派
13	中國政治思想新詮	時　英	2006.9	400	40	政治思想
14	中國四大兵法家新詮：孫子、吳起、孫臏、孔明	時　英	2006.9	350	25	兵法家
15	春秋記實	時　英	2006.9	250	2	現代詩集
16	新領導與管理實務：新叢林時代領袖群倫的智慧	時　英	2008.3	350	13	領導、管理學
17	性情世界：陳福成的情詩集	時　英	2007.2	300	2	現代詩集
18	國家安全論壇	時　英	2007.2	350	10	國安、民族戰爭
19	頓悟學習	文史哲	2007.12	260	9	人生、頓悟、啓蒙
20	春秋正義	文史哲	2007.12	300	10	春秋論文選
21	公主與王子的夢幻	文史哲	2007.12	300	10	人生、愛情
22	幻夢花開一江山	文史哲	2008.3	200	2	傳統詩集
23	一個軍校生的台大閒情	文史哲	2008.6	280	3	現代詩、散文
24	愛倫坡恐怖推理小說經典新選	文史哲	2009.2	280	10	翻譯小說
25	春秋詩選	文史哲	2009.2	380	5	現代詩集
26	神劍與屠刀（人類學論文集）	文史哲	2009.10	220	6	人類學
27	赤縣行腳・神州心旅	秀　威	2009.12	260	3	現代詩、傳統詩
28	八方風雨・性情世界	秀　威	2010.6	300	4	詩集、詩論
29	洄游的鮭魚：巴蜀返鄉記	文史哲	2010.1	300	9	詩、遊記、論文
30	古道・秋風・瘦筆	文史哲	2010.4	280	8	春秋散文
31	山西芮城劉焦智（鳳梅人）報研究	文史哲	2010.4	340	10	春秋人物
32	男人和女人的情話真話（一頁一小品）	秀　威	2010.11	250	8	男人女人人生智慧

陳福成80著編譯作品彙編總集

編號	書　　　　名	出版社	出版時間	定價	字數（萬）	內容性質
33	三月詩會研究：春秋大業 18 年	文史哲	2010.12	560	12	詩社研究
34	迷情・奇謀・輪迴（合訂本）	文史哲	2011.1	760	35	警世、情色
35	找尋理想國：中國式民主政治研究要綱	文史哲	2011.2	160	3	政治
36	在「鳳梅人」小橋上：中國山西芮城三人行	文史哲	2011.4	480	13	遊記
37	我所知道的孫大公（黃埔 28 期）	文史哲	2011.4	320	10	春秋人物
38	漸陳勇士陳宏傳：他和劉學慧的傳奇故事	文史哲	2011.5	260	10	春秋人物
39	大浩劫後：倭國「天譴說」溯源探解	文史哲	2011.6	160	3	歷史、天命
40	臺北公館地區開發史	唐　山	2011.7	200	5	地方誌
41	從皈依到短期出家：另一種人生體驗	唐　山	2012.4	240	4	學佛體驗
42	第四波戰爭開山鼻祖賓拉登	文史哲	2011.7	180	3	戰爭研究
43	臺大逸仙學會：中國統一的經營	文史哲	2011.8	280	6	統一之戰
44	金秋六人行：鄭州山西之旅	文史哲	2012.3	640	15	遊記、詩
45	中國神譜：中國民間信仰之理論與實務	文史哲	2012.1	680	20	民間信仰
46	中國當代平民詩人王學忠	文史哲	2012.4	380	10	詩人、詩品
47	三月詩會 20 年紀念別集	文史哲	2012.6	420	8	詩社研究
48	臺灣邊陲之美	文史哲	2012.9	300	6	詩歌、散文
49	政治學方法論概說	文史哲	2012.9	350	8	方法研究
50	西洋政治思想史概述	文史哲	2012.9	400	10	思想史
51	與君賞玩天地寬：陳福成作品評論與迴響	文史哲	2013.5	380	9	文學、文化
52	三世因緣：書畫芳香幾世情	文史哲				書法、國畫集
53	讀詩稗記：蟾蜍山萬盛草齋文存	文史哲	2013.3	450	10	讀詩、讀史
54	嚴謹與浪漫之間：詩俠范揚松	文史哲	2013.3	540	12	春秋人物
55	臺中開發史：兼臺中龍井陳家移臺略考	文史哲	2012.11	440	12	地方誌
56	最自在的是彩霞：台大退休人員聯誼會	文史哲	2012.9	300	8	台大校園
57	古晟的誕生：陳福成 60 詩選	文史哲	2013.4	440	3	現代詩集
58	台大教官興衰錄：我的軍訓教官經驗回顧	文史哲	2013.10	360	8	台大、教官
59	爲中華民族的生存發展集百書疏：孫大公的思想主張書函手稿	文史哲	2013.7	480	10	書簡
60	把腳印典藏在雲端：三月詩會詩人手稿詩	文史哲	2014.2	540	3	手稿詩
61	英文單字研究：徹底理解英文單字記憶法	文史哲	2013.10	200	7	英文字研究
62	迷航記：黃埔情暨陸官 44 期一些閒話	文史哲	2013.5	500	10	軍旅記事
63	天帝教的中華文化意涵：掬一瓢《教訊》品天香	文史哲	2013.8	420	10	宗教思想
64	一信詩學研究：徐榮慶的文學生命風華	文史哲	2013.7	480	15	文學研究

陳福成 80 著編譯作品彙編總集

編號	書　　　　　　名	出版社	出版時間	定價	字數（萬）	內容性質
65	「日本問題」的終極處理 — 廿一世紀中國人的天命與扶桑省建設要綱	文史哲	2013.7	140	2	民族安全
66	留住末代書寫的身影：三月詩會詩人往來書簡	文史哲			6	書簡、手稿
67	台北的前世今生：圖文說台北開發的故事	文史哲	2014.1	500	10	台北開發、史前史
68	奴婢妾匪到革命家之路：復興廣播電台謝雪紅訪講錄	文史哲	2014.2	700	25	重新定位謝雪紅
69	台北公館台大地區考古・導覽：圖文說公館台大的前世今生	文史哲	2014.5	440		
70	那些年我們是這樣談戀愛寫情書的（上）	文史哲				
71	那些年我們是這樣談戀愛寫情書的（下）	文史哲				
72	我的革命檔案	文史哲	2014.5	420		革命檔案
73	我這一輩子幹了些什麼好事	文史哲				人生記錄
74	最後一代書寫的身影：陳福成的往來殘簡殘存集	文史哲				書簡
75	「外公」和「外婆」的詩	文史哲				現代詩集
76	中國全民民主統一會北京行：兼全統會現況和發展	文史哲			5	
77	六十後詩雜記現代詩集	文史哲	2014.6		2	現代詩集
78	胡爾泰現代詩臆說：發現一個詩人的桃花源	文史哲	2014.5	380	8	現代詩欣賞
79	從魯迅文學醫人魂救國魂說起：兼論中國新詩的精神重建	文史哲	2014.5	260	10	文學
80						
81						
82						
83						
84						
85						
86						
87						
88						
89						
90						
91						
92						
93						
94						

陳福成國防通識課程著編作品

(各級學校教科書)

編號	書　　　　名	出版社	教育部審定
1	國家安全概論（大學院校用）	幼　獅	民國 86 年
2	國家安全概述（高中職、專科用）	幼　獅	民國 86 年
3	國家安全概論（台灣大學專用書）	台　大	（台大不送審）
4	軍事研究（大專院校用）	全　華	民國 95 年
5	國防通識（第一冊、高中學生用）	龍　騰	民國 94 年課程要綱
6	國防通識（第二冊、高中學生用）	龍　騰	同
7	國防通識（第三冊、高中學生用）	龍　騰	同
8	國防通識（第四冊、高中學生用）	龍　騰	同
9	國防通識（第一冊、教師專用）	龍　騰	同
10	國防通識（第二冊、教師專用）	龍　騰	同
11	國防通識（第三冊、教師專用）	龍　騰	同
12	國防通識（第四冊、教師專用）	龍　騰	同

註：以上除編號 4，餘均非賣品，編號 4 至 12 均合著。